TÜRKÇE ÖĞRENİYORUZ 4

Türkisch aktiv

Mehmet Hengirmen

engin

Yazışma Adresi :	Mehmet Hengirmen
	Süleyman Bey Sok. No: 17 / 11
	Maltepe / ANKARA

Engin Yayınevi : Süleyman Bey Sok. 17 / 11 06570, Maltepe - Ankara
Basım Tarihi : Ocak 1993
Basımevi : Nurol Matbaacılık A.Ş. 433 32 24 - 25 ANKARA
Karikatürler : İbrahim Apatay

İÇİNDEKİLER

1	Dünyanın Yedi Harikası	5
1A	Diyana (Artemis) Mabedi ve Mozoles'in Anıtı	7
1B	Meryem Ana Kilisesi	10
2	Büyük İskender	12
2A	Büyük İskender ve Diyojen	16
2B	Söyle Sevda İçinde Türkümüzü	17
3	İstanbul'da	19
3A	Topkapı Müzesinde	21
3B	Sultan Murat'la Bekri Mustafa	23
4	Dolmabahçe Sarayında	26
4A	İstanbul'u Dinliyorum	30
4B	Mevlana	32
5	Boğaziçi Vapuru	35
5A	Mimar Sinan	37
5B	Eğri Minareli Cami	39
6	Anıtkabirde	42
6A	Atatürk'ün Özellikleri	44
6B	Atatürk İçin Ne Diyorlar?	46
7	Çalışan Kadınlar	50
7A	Kreşte	53
7B	Müjde Dişisi de Geliyor	55
8	Bayramlar	56
8A	Ramazan	58
8B	İlim	61
9	Eskici	63
9A	İslamda Bilim ve Teknolojinin Değeri	67
9B	Onlar	69
10	Eş Seçimi	71
10A	Dirilmeyi Bekleyenler	73
10B	Güzel ve Dinç Kalmak İçin Neler Yapmalıyız?	76

11	Fal Merakı	79
11A	Kadınlar Niçin Erkeklerden Farklı Düşünürler?	81
11B	Fahriye Abla	84

12	Türkçe Reçete	86
12A	Dünyanın Yedili Gizemi	90
12B	Paraşüt Talimi Sırasında	94

13	Geciken Teşhis	96
13A	Ağrısız, Sızısız Ameliyat	98
13B	Kesip Biçmeden, Kan Akıtmadan Tedavi Eden Işın : Lazer	100

14	Bir Çocuk Yetişiyor	102
14A	Ahmed Yesevî	104
14B	Doğuracağına İnanıyorsun da...	108

15	Yunus'un Şiir Dünyası	110
15A	Galaksinin Merkezinde Ne Olabilir?	113
15B	Tesadüfler Zinciri	115

16	Türkçenin Gücü	117
16A	Yolcu İle Yılan	119
16B	Çıkıp Yücesine Seyran Eyledim	121

17	Mendil Altında	123
17A	Türkçenin Dünya Dilleri Arasındaki Yeri	125
17B	Sessiz Gemi	129

18	Sebze Yiyiciler	131
18A	Türk Dilinin Bugünkü Durumu ve Yayılma Alanları	133
18B	Bana mı İnanacaksın Eşeğe mi?	144

19	Yayla	146
19A	Başka Gezegenlerde Hayat	147
19B	Memleket İsterim	152

20	Duha Koca-Oğlu Deli Dumrul Boyu	154
20A	Ruh Sağlığı İçin Dokuz Yol	160
20B	Doksan Dokuz Olsun	161

DÜNYANIN YEDİ HARİKASI

Bay Wolfgang Berlin Üniversitesinde sanat tarihi dersleri veriyordu. En büyük merakı eski eserleri yakından görüp incelemek, bunların fotoğraf ve slaytlarını çekmekti. Öğrencileri onun derslerini hiç kaçırmaz, eski eserlere ait hikaye ve efsanelerini büyük ilgi ile dinlerdi.

Bay Wolfgang'ın eski eserlere karşı olan bu merakı zamanla eşi ve çocuklarına da geçmişti. Özellikle Martina ve Barbara babalarının her gittiği yere birlikte gitmek istiyor, onun yanında olmaktan büyük bir mutluluk duyuyorlardı. Bu yüzden Bay Wolfgang arabasının arkasına küçük bir karavan almış, eşi ve çocuklarıyla Avrupa'yı baştan başa gezip dolaşmıştı.

Martina, bir gün babasına dünyanın yedi harikasını görüp görmediğini sordu. Bay Wolfgang büyük bir üzüntüyle "Hayır" cevabını verdi. Sonra hemen "İsterseniz bu yıl yaz tatilinde dünyanın yedi harikasını görebiliriz" dedi. Martina büyük bir sevinçle babasının boynuna sarıldı. "Dünyanın yedi harikasını görmedim. Ama sekizinci harikasını yakından tanıyorum" dedi. Bay Wolfgang "Nedir o?" diye merakla sordu. Martina gülerek "Sensin" diye cevap verdi.

Bütün aile sevinçle gezi programını yapmaya başladı. Bay Wolfgang eşi ve çocuklarına, ilk önce Türkiye'ye gideceklerini, dünyanın yedi harikasından "Diyana (Artemis) Mabedi ile Mozoles'in Mezarının" Türkiye'de bulunduğunu söyledi. Diyana Mabedi İzmir yakınlarında Efes'te, Mozoles'in Mezarı da Bod-

5

rum'da bulunuyordu. Bu sebeple Bay Wolfgang ve ailesi İzmir'e doğru yola koyulmaya karar verdiler.

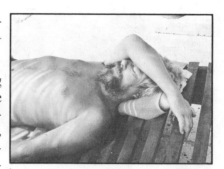

Yolculuk üç gün sürdü. Bay Wolfgang ve ailesi İzmir'e doksan beş km. mesafede Kuşadası'nda güzel bir mokampa yerleştiler. Yolculuk Bay Wolfgang'ı çok yormuş, üç gün süreyle devamlı direksiyon sallamaktan boynu ve omuzları tutulmuştu. Hemen soyundu, mayosunu giydi. Kendini denizin ılık ve temiz sularına bıraktı. On beş dakika kadar yüzdü. Hayret! Denizden çıktığında bütün yorgunluğu geçmiş, tamamen dinçleşmişti. Sanki biraz önceki yorgun ve bitkin adam o değildi. Bu sırada bayan Cristian ve çocukları da mayolarını giymiş kendilerini denize atıvermişlerdi.

Bay Wolfgang bir duş aldı. Güneşlenmek üzere şezlonglardan birine uzanıverdi. Birkaç saniye içinde gözleri kapandı ve derin bir uykuya daldı. Martina denizde biraz yüzdükten sonra windsörfünü aldı. Ne yazık ki rüzgar, windsörf için elverişli değildi. Martina bütün çabalarına rağmen windsörf yapamadı. Hevesini ertesi güne saklayarak annesinin yanına geldi. Bayan Cristian denizden çıkmış, hem güneşleniyor, hem de kitap okuyordu. Martina annesini rahatsız etmek istemedi. Karavan küçük olduğu için babaları onlara güzel bir bungalov kiralamıştı. Barbara'yla bungalovun önündeki koltuklara oturarak biraz sohbet ettiler. Bungalov'un çevresi rengarenk çiçeklerle donatılmıştı. Çiçeklerin mis gibi güzel kokuları ve denizin taze havası onları büyülemişti. İkisi de çok mutluydu ve mutluluklarını anlatacak kelime bulamıyorlardı. Babaları uyanıncaya kadar dünyanın yedi harikası üzerine sohbet ettiler.

1 A

DİYANA (*ARTEMİS*) MABEDİ VE MOZOLES'İN ANITI

Bay Wolfgang bir iki saat sonra uyandı. Uyanır uyanmaz hemen kitabına sarıldı. İzmir ve çevresinde bulunan tarihi ve antik eserleri yeniden dikkatle okuyarak bir gezi planı hazırlamaya koyuldu. Bayan Cristian roman okumayı bırakmış örgü örüyordu. Martina ile Barbara da mokamp çevresini dolaşarak karavana dönmüşler, yiyecek bir şeyler hazırlamaya başlamışlardı. Herkesin karnı açtı. Ama nedense kimsenin yemeği düşündüğü yoktu. Martina ile Barbara anne ve babalarını yemeğe çağırdıkları zaman bu tatlı sürpriz, ikisinin de çok hoşuna gitti. Ne kadar acıktıklarını o zaman anladılar.

Yemekten sonra Wolfgang, Bayan Cristian ile satranç oynamaya başladı. Martina ile Barbara da karavanın arkasında oturarak onları seyrediyorlardı. Bay Wolfgang ve Bayan Cristian hem satranç oynuyor, hem de ailece ertesi gün ya-pacakları gezi programı üzerinde konuşuyorlardı.

Bayan Cristian	:	Yarın nereye gideceğiz?
Bay Wolfgang	:	Gezi programını henüz tam yapamadım.
Bayan Cristian	:	Neden?
Bay Wolfgang	:	Bu çevrede görmemiz gereken o kadar çok yer var ki... Henüz kesin bir plan yapamadım.
Martina	:	İlk önce dünyanın yedi harikasına ait eserleri görelim. Bunlardan biri İzmir yakınlarındaydı değil mi?
Bay Wolfgang	:ᣟ	Evet Diyana Mabedi. Buraya Artemis Mabedi de denilir. İsa'nın doğumundan 550 yıl önce Efes'te yapılmış.
Barbara	:	Bu Mabedin özelliği ne?
Bay Wolfgang	:	Mitolojiye göre Diyana doğum yapan kadınları koruyan bir tanrıça idi. Efes'te onun adına büyük bir tapınak yapıldı. Bu tapınak 118 metre yükseklikte, 71 metre genişlikteydi. 117 sütun üzerinde yükseliyordu. Devrin en muhteşem yapısıydı.
Martina	:	Çok güzel yarın ilk önce onu görelim.
Bay Wolfgang	:	Bu mümkün değil.
Bayan Cristian	:	Neden?
Bay Wolfgang	:	Çünkü bu mabedi, yapılışından 220 yıl sonra bir deli yaktı. Halk kısa zamanda aralarında para toplayıp mabedi yeniden yaptırdı. Bu sefer de savaş sırasında Gotlar tarafından tahrip edildi. Biz yarın Efes'e gittiğimizde Diyana Mabedinin sadece yerini görebileceğiz.
Martina	:	Çok yazık, çok üzüldüm. Avrupa'dan taa buralara kadar gel, sonra da sadece mabedin yerini gör. Peki öbür anıt nerede?

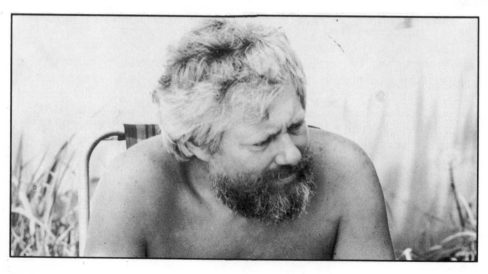

Bay Wolfgang	:	Bodrum'da Mozoles'in anıtı.
Barbara	:	Peki bu anıt sağlam duruyor mu?
Bay Wolfgang	:	Hayır, bu anıtın da şimdi yerinde yeller esiyor. Deprem, savaş ve yağmalar, bu eseri de yok etmiş.
Martina	:	Desenize bu eserin de sadece yerini görebileceğiz.
Bay Wolfgang	:	Evet öyle. Biraz daha konuşursanız anneniz beni satrançta mat edecek. Sizle konuşurken bir türlü konsantre olamıyorum.
Bayan Cristian	:	Sen uyurken oynasan yine beni yenersin.
Bay Wolfgang	:	Öyle söyleme, daha şimdiden iki fil ile bir at gitti.

Martina	:	Madem bu eserlerden artık bir iz yok, neden buralara kadar geldik?
Bay Wolfgang	:	Yarın geziye çıktığımızda neden buralara kadar geldiğimizi çok daha iyi anlayacaksın. Belki Diyana Mabedi, Mozoles'in Mezarı artık yok; ama yıpranmadan günümüze kadar gelmiş yüzlerce, binlerce tarihi ve antik eserler var. Anadolu bir uygarlıklar ülkesidir. Binlerce yıl burada çeşitli milletler yaşamış, pek çok eserler bırakmıştır.

9

MERYEM ANA KİLİSESİ

Barbara	:	Baba, Meryem Ana da Türkiye'de yaşamış öyle mi?
Bay Wolfgang	:	Evet, Meryem Ana da burada yaşamış ve burada öl-müştür. Yarın isterseniz Meryem Ana Kilisesini de ziyaret ederiz.
Bayan Cristian	:	Meryem Ana burada mı yaşadı?
Bay Wolfgang	:	Evet öyle, bunu bilmiyor muydun?
Bayan Cristian	:	Nereden bilebiliriz ki..!
Bay Wolfgang	:	Papa II. John Paul 1983 yılında Türkiye'ye geldi ve Meryem Ana Kilisesini ziyaret etti. Bundan da mı haberiniz yok?
Bayan Cristian	:	Evet haklısın. Bir ara bütün gazeteler yazmıştı.
Bay Wolfgang	:	Televizyonda da gösterilmişti.
Bayan Cristian	:	Papa II. Paul'ü hatırlıyorum. Ama Meryem Ana'nın kilisesinin Türkiye'de olduğunu unutmuşum.
Barbara	:	Baba, yarın Meryem Ana Kilisesine gidelim. Buraya çok uzak mı?
Bay Wolfgang	:	Hayır, Kuşadası'na çok yakın. Yarım saatlik yol.
Martina	:	Önce Efes'e gidelim.
Bay Wolfgang	:	İkisine de gideceğiz. Anneniz hangisini isterse, önce ona gideriz. Sonra da diğer yerleri gezeriz.
Martina	:	Başka nereleri gezeceğiz?
Bay Wolfgang	:	Bilmem, henüz kesin program yapmadım.
Barbara	:	Neden?

Bay Wolfgang	:	Söyledim ya, gezecek yer pek çok da ondan. Önce yakınımızda bulunan yerleri gezeceğiz. Ege'de Bergama, Priene Kenti, Didim, Milet, Troya gibi yerler var.
Barbara	:	Troya mı dediniz?
Bay Wolfgang	:	Evet "Troya" dedim. Homeros'un İlyada adlı destanında geçen ünlü Troya Şehri de burada, Çanakkale yakınlarındadır.
Barbara	:	İnanılacak gibi değil.
Bay Wolfgang	:	Neden?
Barbara	:	Ben İlyada'yı okudum. Ama Troya'nın Türkiye'de olduğunu bilmiyordum.
Bay Wolfgang	:	Ben size sadece Ege Bölgesinde bulunan bazı antik kentlerin bulunduğu yerleri saydım. Şu kitabı biraz da siz alıp okuyun. Akdeniz'deki, Anadolu'daki antik kent ve eserlerin yerlerini bir inceleyin. Siz de bir program yapın. Türkiye Almanya'nın üç katı büyüklüğünde. Sonra söyleyin bana. Bir ayda bunların hepsini nasıl gezeriz?
Bayan Cristian	:	Bunların hepsini gezmek zorunda mıyız?
Bay Wolfgang	:	Sizleri bilmem, ama ben Gordion'u, Nemrut Dağındaki tanrı heykellerini, Nevşehir'i, Perge ve Aspendos gibi yerleri mutlaka görmek istiyorum.
Martina	:	Bu yıl gezebildiğimiz yerleri gezelim. Olmazsa önümüzdeki yıl yine Türkiye'ye geliriz.
Bay Wolfgang	:	Bence bu iyi bir fikir.
Bayan Cristian	:	Neden olmasın. Bence de iyi bir fikir.
Martina	:	Yaşasın! Demek bütün Türkiye'yi gezip tanıyacağız.

Metin İncelemeleri

1. Dünyanın Yedi Harikası

1. Bay Wolfgang'ın mesleği nedir?
2. Bay Wolfgang nelere ilgi duymaktadır?
3. Martina ve Barbara kimdir?
4. Bay Wolfgang, eşi ve çocukları ile nereleri gezmiştir?
5. Martina nereleri görmek istiyor?
6. Dünyanın sekizinci harikası nedir?
7. Dünyanın yedi harikasından kaçı Türkiye'dedir?
8. Almanya'dan Türkiye'ye yolculuk kaç gün sürüyor?
9. Bay Wolfgang, eşi ve çocukları Türkiye'de nerede kalıyor?
10. Bay Wolfgang, eşi ve çocukları mokampa yerleşince neler yapıyorlar?

1A Diyana (Artemis) Mabedi ve Mozoles'in Anıtı

1. Bay Wolfgang uyandıktan sonra ne yapıyor?
2. Yemekleri kim hazırlıyor?
3. Yemekten sonra Bay Wolfgang ve ailesi neler yapıyor?
4. Bay Wolfgang neden gezi programı yapmıyor?
5. Artemis Mabedi nerededir?
6. Mitolojiye göre Diyana ne tanrıçasıdır?
7. Diyana Mabedi ne gibi zararlar görmüştür?
8. Mozoles'in anıtı nerededir?
9. Mozoles'in anıtı ne gibi zararlar görmüştür?
10. Martina neden hayal kırıklığına uğruyor?

1B Meryem Ana Kilisesi

1. Meryem Ana nerede yaşamıştır?
2. Papa II. John Paul, Meryem Ana Kilisesini ne zaman ziyaret etti?
3. Meryem Ana Kilisesi nerededir?
4. Ege'de hangi antik kentler vardır?
5. Troya nerededir?
6. Homeros'un İlyada adlı destanında geçen tahta atı hatırlıyor musunuz?
7. Türkiye'de en önemli turistik yerler nerelerdir?
8. Türkiye'ye bir açık hava müzesi diyebilir miyiz?

Tartışma ve Yazma Konusu

1. *Eski eserleri görme ve tanımanın insanlara ne gibi yararları vardır?*
2. *Eski uygarlıklara ait eserler bir ulusa mı, yoksa tüm insanlığa mı aittir?*

2 BÜYÜK İSKENDER

Sadece 33 yıl yaşayıp dünya tarihinde unutulmaz bir biçimde yer alan çok az lider vardır. Bunlardan birisi de Büyük İskender'dir. Makedonyalı bu ünlü kralın başından geçenler, tarihî kaynaklarda çeşitli biçimlerde yer alıyor. Oysa, onun bir de bilinmeyen yönleri var. İskender'in yaşadığı birçok olay, normal-üstünün dünyasına rahatça giriyor. Üstelik, İskender'in Anadolu üzerinde çok önemli bir etkisi var. Kendisi imparatorluğunu Anadolu kavimlerinin birliği üzerine kurmuştu, öte yandan özel bir görevi olduğuna inanıyordu.

Doğduğu Gün Artemis Tapınağı Yandı

İskender'in doğduğu gün, Temmuz ayının 6'sıydı. Aynı gün, Efes'teki ünlü Artemis Tapınağı (Diyana) yandı. Bu tapınak, dünyanın yedi harikasından biriydi. İlginçtir, bu olay üzerine, bilge Manisalı **Hegasias** şöyle diyordu: *"Diyana'nın (Artemis), İskender'in doğumu nedeniyle, o gün loğusa annesinin yanında işi vardı. Bu yüzden tapınağı koruyamadı."* Aynı anda, Efes'te bulunan tüm kahinler, yangını büyük bir felaket olarak niteliyorlar, dövünerek o gün Asya için büyük bir felaketin doğduğunu söylüyorlardı.

Ter Döken Heykel

Gerçekten de İskender, kral olur olmaz, Asya'ya tüm gücü ile saldırdı. Asya seferine çıkmadan önce, ünlü kehanet tapınağı Delfi'ye gitti ve orada garip bir olay oldu. Servi ağacından yapılmış bir heykelin ter döktüğü görüldü. Olay üzerine kahin **Aristandr,** bu olayı olumlu olarak niteledi ve İskender'in ününün ve şerefinin anlatımında sanatın yetersiz kalacağı şeklinde yorumladı.

Anadolu'ya Geliyor

İskender Anadolu'ya Çanakkale'de Truva'da ayak bastı. Kurbanlar kestirdi ve kentin yeniden kurulması için emirler verdi. Böylece, Anadolu seferi başlıyordu. Gronikos Çayı (Biga'daki Çan Çayı) savaşından sonra İskender, Sard'a indi. Oradan Efes'e geçti. Bu arada, bugünkü İzmir'in kurulmasına da neden oldu. Eski kent, bugünkü Bayraklı'daydı. İskender, kenti, Kadifekale ve çevresinde kurdurttu. Daha sonra, Milet, Priene, Didim, Bodrum, Datça, Fethiye ve Perge'yi aldı.

Rüzgârın Yönünü Değiştirdi

Antalya kıyısında, ilginç bir olay oldu. Geçilen sahiller, güney rüzgârı nedeniyle, geçit veremiyorlardı. İskender, ordusunun buradan geçemeyeceğini anlayınca, deniz kenarına giderek kılıcını kaldırdı. O anda rüzgâr, birden yön değiştirdi, kuzeyden esmeye başladı. Bu olaydan sonra, herkes İskender'in tanrısal bir gücü olduğunu ve denizin bile ona itaat ettiğine inandı. Rastlantı mıydı, bilinemiyor ama , İskender bu olayı çok iyi kullanacaktı.

Çözülemeyen Düğüm

İskender, buradan Gordion'a (Yassıhöyük, Polatlı ve Eskişehir arasında) geldi. Buraya özellikle gelmek istiyordu. Çünkü, 400 yıllık bir efsanenin ürünü olan, ünlü "Gordion Düğümü" buradaydı. M.Ö. 738 yılında buraya gelen İskender, hemen düğümün bulunduğu iki tekerlekli arabanın yanına gitti. Bu düğüm, kentin kurucusu **Gordion** tarafından yapılmış, arabanın boyunduruğu, bir kayış ya da ağaç kabuğu ile bağlanmıştı. Düğümün ne başı, ne de sonu belli değildi. Kimse, bu düğümü çözemiyordu. Daha da önemlisi, bu düğümü çözenin, tüm Asya'ya hakim olacağına inanılıyordu.

Kehanet Gerçekleşiyor

Bir diğer inanca göre bu düğüm, Asya'nın ve Anadolu'nun düğümü idi. Bunu çözen, Anadolu'nun ruhsal lideri olacaktı. Çünkü Baştanrı **Zeus** böyle olmasını istemişti. Çevrede toplananlar, bıyık altından gülerek, kralın bu düğümü çözemeyeceğinden emin görünüyorlardı. Oysa İskender, akıl almaz bir iş yaptı. Kılıcını çekti ve bir vuruşta düğümü parçaladı. Kehanet gerçekleşmişti ve Anadolu'nun yolu açılmıştı.

10 Bilgeyi Sınadı

İskender'le ilgili mitlerin içerisinde bir tanesi gerçekten çok ilginçtir. Olay Hindistan'da geçer. İskender, halkı etkiledikleri için, 10 Hintli bilgeyi tutuklatır. İskender, onlara birer soru soracağını ve en kötü cevaptan başlayarak, öldürteceğini söyler. Hakem olarak da içlerinden en yaşlısını seçer. Birinciye, "yaşayanlar mı, yoksa ölüler mi daha çoktur?", der. "Yaşayanlar çoktur, çünkü ölüler artık insan değildirler", cevabını alır. İkinci soru, en hilekar hayvanın hangisi olduğudur. "İnsanoğlunun henüz rastlamadığı bir hayvan", cevabını alır.

Sonraki soru, gecenin mi, yoksa gündüzün mü daha önce yaratıldığıdır. Cevap, gündüzdür, çünkü arada bir gündüzlük zaman vardır. İskender cevabı anlayamadığını söyler. Bilge, "Bilinmeyen sorulara bilinmeyen cevaplar verilir", der. Daha sonra, "Bir insan için kendini sevdirmenin yolu nedir?" sorusu sorulur. Bunun cevabı ise, "En kudretli insanın önünde bile korkmamaktır". "Bir insan nasıl Tanrı olabilir?" sorusuna ise, "Bir insan için yapılması imkansız olan şeyi yaparak" cevabını alır. Sonraki soru, yaşamın mı, yoksa ölümün mü daha güçlü olduğudur. Cevap ilginçtir, bilge yaşamın daha güçlü olduğunu söyler, çünkü yaşam, sonsuz acılara katlanabilmektir. Son soru ise, bir insanın ne kadar yaşaması gerektiğidir. Bunun cevabı ise, "Ölümün yaşama üstün görülmediği zaman boyunca"dır.

Bozulan Karar

İskender, hakeme kararını sorar. Yaşlı adam, hepsinin en kötü cevaplarını verdiğini söyler. *O zaman bu kararından dolayı önce senin ölmen gerekir"* der. Bilge, *"Hayır"* der, *Sözünüzden dönmeyiniz, çünkü siz önce , en kötü cevabı vereni öldüreceğinizi söylediniz."* Bir çıkış yolu bulamayan kral, armağanlar vererek, hepsini salıverir. Bu değişik olay, İskender'in gizem merakını açıkça ortaya koyuyor. Ama en garip olay, İskender'in ölümünden önce olan olaydır. Fırat kıyısında, soyunup yıkanan İskender, birden koltuğunun üzerinde, kendi tacını takmış ve giysilerini giymiş birinin, hiç konuşmadan oturduğunu görür. Kim olduğunu uzun uzun sormasına rağmen, cevap alamaz.

Çok sonra, adam kendine gelir ve zorlukla konuşarak *"Ben"* der, *"Bir İtalyan esiriyim. Yıllar önce, Babil'e esir olarak getirildim ve hep zincirlenmiş olarak zindanda yaşadım. Bugün birden Serapis'i gördüm."* (Serapis: Mısır'da Ölüler Tanrısı, cehennemin kralı. İnançlara göre, bu görüntü ölüm vaktinin geldiğinin işaretidir). Adam anlatmaya devam eder: *"Serapis zincirlerimi yok etti ve beni buraya getirdi, bunları giydirdi ve ağzımı kilitledi."*

Kendi Ölümünü Gördü

Olay, İskender'i çok etkilemiştir. O kadar ki, artık sonunun geldiğine inanır. Adamı öldürtür, ama kadere karşı gelemeyeceğinin bilincindedir. İçine kapanır, kadın ve içki ile dolu bir sefahat hayatına atılır. Gerçekten de bundan sonra fazla yaşamayacaktır. 33 yaşında, 12 gün içinde ölecektir. Bazı yaklaşımlara göre İskender, mükemmel bir durugörü medyumudur. Birçok olayı önceden görmüş ve kararlarını ona göre vermiştir. Sonunda ise, kendi ölümünü önceden görmüştür.

İnsanlığı etkileyen birçok liderin gerek doğum anlarında, gerekse yaşamları sırasında, birçok olağanüstü olay gerçekleşmektedir. İskender de bunlardan birisi, ama bir farkı var: İnançlara göre, o, Gordion'da, Anadolu'nun kaderini bağlayan düğümü çözdü. Böylece, bu özel kara parçası, gerçek işlevine kavuştu. Çünkü, Gordion'un yeri ilginçti, burası aynı zamanda, Tevrat'ta adı geçen Esav'ın dağının yeriydi. Yani, bir peygamber bedduası sonucunda kilitlenen bir ülkenin kaderi, bir kralın kılıcı sayesinde yeniden açılıyordu.

İSKENDER VE DİYOJEN

Büyük İskender Atina'da bulunduğu sırada Diyojen'i görmek ister. Kalabalık maiyetiyle Diyojen'in yanına gider. Onu meşhur fıçısının içinde bulur. Diyojen'in bu perişan haline acıyan büyük hükümdar sorar:

- Dile benden ne dilersen?

Diyojen, tok bir sesle cevap verir:

- Gölge etme, başka ihsan istemem!

Bütün maiyet erkânı bu cevaba şaşakalır. Filozofun sözündeki derin anlamı kavrayan İskender, yanındakilere döner:

- İskender olmasaydım, Diyojen olmak isterdim, der.

İSKENDER VE BABASI

Büyük İskender henüz çocuk denecek yaşta iken babası Filip'in savaş kazandığını haber almış. Sevineceği yerde üzülmüş:

"Bütün savaşları babam kazanacak olursa, bana ne kalacak?" demiş.

SÖYLE SEVDA İÇİNDE
TÜRKÜMÜZÜ

Söyle sevda içinde türkümüzü,
Aç bembeyaz bir yelken.
Neden herkes güzel olmaz,
Yaşamak bu kadar güzelken?

İnsan dallarla, bulutlarla bir,
Hep o maviliklerden geçmiştir.
İnsan nasıl ölebilir,
Yaşamak bu kadar güzelken?

Fazıl Hüsnü DAĞLARCA

Metin İncelemeleri

2 Büyük İskender

1. Büyük İskender kaç yıl yaşamıştır ve Anadolu üzerinde niçin önemli bir etkisi vardır?
2. İskender doğduğu gün neler olmuştur?
3. İskender Asya seferine çıkmadan önce ne yapıyor?
4. İskender Anadolu'ya nerede ayak bastı ve neler yaptı?
5. Antalya kıyısında yaşanan ilginç olay nedir? İskender bu olayı nasıl kullanır?
6. İskender Gordion'a niçin geliyor?
7. İskender düğümü nasıl çözüyor?
8. İskender 10 bilgeyi sizce niçin sınar?
9. İskender, ölümünden önce nasıl garip bir olayla karşılaşır?
10. Serapis kimdir? İnançlara göre Serapis'i görmek neyin işaretidir?
11. İskender bu olaydan kaç gün sonra ölür ve ölümünden önce neler yapar?
12. Sizce İskender bir medyum mudur?
13. Gordion'un yeri neden ilginçtir?
14. Büyük liderlerin doğum ve ölümleri sırasında gerçekten önemli olaylar olmakta mıdır?

2A İskender ve Diyojen

1. Diyojen nerede ve nasıl yaşamaktadır?
2. İskender, Diyojen'i neden görmek ister?
3. Diyojen'in "Gölge etme, başka ihsan istemem" sözü niçin tüm dünyada ünlü bir söz durumuna gelmiştir?
4. İskender, niçin Diyojen'in yerinde olmak ister?

Tartışma ve Yazma Konusu

1. *İskender'in savaşlarının dünya üzerindeki etkileri neler olmuştur?*
2. *Savaşın kötü ve iyi yönleri nelerdir?*

3

İSTANBUL'DA

Esen Hanım kayak yapmayı öğrendikten sonra her yıl kışın Uludağ'a gitmeyi âdet haline getirmişti. Okulların şubat tatilinde Uludağ'da güzel bir motelden yerini ayırttı. On beş gün Uludağ'da kalıp bol bol kayak yapmak istiyordu. Fakat ufak bir kaza sonucu ayağı burkuldu. Doktor kayak yapmasına izin vermedi. Esen Hanım da Uludağ'a gitmekten vazgeçerek İstanbul'a gitmeye karar verdi. Fakat kışın İstanbul'da tatilini nasıl geçireceğini bilemiyordu. İstanbul özellikle yazın güzeldi. Kendi kendine "Ben de müzeleri, camileri, sarayları ve diğer tarihî yerleri gezerim" diye düşündü.

Erksin Hanımlar ve Emin Beylerle konuşarak tatile birlikte gidip gidemeyeceklerini sordu. Hiç kimse kışın tatil yapmak istemiyor, herkes tatil için yazın denize gitmeyi tercih ediyordu. Sadece Mehmet Bey hafta sonu fırsat bulursa İstanbul'a gidebileceğini söyledi ve Esen Hanımdan kalacağı otelin adresini istedi.

Esen Hanım çaresiz tek başına yola çıktı. Güzel bir otobüs yolculuğundan sonra İstanbul'a geldi. Beşiktaş'ta bir otele yerleşti. Dolmabahçe Sarayı, bulunduğu otele çok yakındı. İlk önce Dolmabahçe Sarayını gezmek istedi. Sarayın giriş kapısına geldiğinde tatsız bir sürprizle karşılaştı. Girişteki levhada "Dolmabahçe Sarayı pazartesi, perşembe hariç ziyarete açıktır" yazıyordu. Günlerden pazartesiydi. Esen Hanım bir an ne yapacağını düşündü. Kendi kendine "Mehmet Bey hafta sonu gelince, Dolmabahçe Sarayını birlikte ziyaret ederiz"dedi. Vakit geçirmeden Galata Kulesine gitmeye karar verdi. Kuleye bir asansör yapılmıştı. Bu sebeple yukarı rahat çıktı. İstanbul'un üzeri sisle kaplıydı. Buna rağmen manzara güzeldi. Uzaktan gözüken camiler, Boğaz'da yüzen gemiler birer biblo gibi duruyorlardı. Sis, İstanbul'un güzelliğine büyülü ve esrarengiz bir hava vermişti. Esen Hanım, Leonardo da Vinci'nin ünlü Mona Lisa adlı tablosunu hatırladı. Bu tablonun fonundaki manzara da sisler içinde gözüküyordu. Kulede, saatlerce bu büyüleci güzelliği seyretti, resimler çekti. Her şeyi kuşbakışı olarak tepeden seyretmek hoşuna gitmişti. Kulenin yakınlarından bir uçak geçti. Kollarına kanat takarak Galata Kulesinden uçan ilk Türkü düşündü. Vakit öğle olmuş, yemek vakti gelmişti. Kulede bir restoran vardı. Oraya indi. Bir pencerenin kenarına oturarak yemeğini yedi. Her şey çok iyi, çok güzel, çok hoştu. Ama yalnızdı. Yalnız gezmenin de pek tadı olmuyordu.

Yemekten sonra Sultan Ahmet Meydanına gitti. Yazın burası kıvıl kıvıl insan kaynar, iğne atsan yere düşmezdi. Şimdi ise sadece birkaç turist grubu vardı. Sultan Ahmet Camisi ve Ayasofya Müzesi birbirine çok yakındı. Topkapı Müzesi de birazcık ilerde bulunuyordu. Esen Hanım önce Sultan Ahmet Camisini ve Ayasofya Müzesini gezdi. Sonra uzun zamandan beri görmek istediği Topkapı Müzesine doğru yürüdü.

20

3 A

TOPKAPI MÜZESİNDE

Esen Hanım Topkapı Müzesinin kış günü tenha olacağını sanıyordu. Müzenin dış bahçesinde kimseler yoktu; fakat içerisi turistlerle doluydu. Herkes büyük bir hayranlıkla müzede bulunan som altından yapılmış, üzeri elmas, yakut, zümrüt gibi değerli taşlarla süslenmiş padişahlara ait tahtları, paha biçilmez değerde olan mücevherleri hayranlıkla seyrediyordu. Dünyanın en büyük imparatorluklarından birini kurmuş olan Osmanlı Devletinin muhteşem serveti bu müzede bulunuyordu. Aslında Topkapı Müzesi eskiden Osmanlı Padişahlarının oturduğu saraydı. Dolmabahçe Sarayı yapılıncaya kadar (1853) bütün Osmanlı Padişahları Topkapı Sarayında oturmuşlardı. Daha sonra padişahların ve yakınlarının giydikleri bütün elbiseler, kullandıkları ev ve süs eşyaları, okudukları kitaplar, sarayda bulunan bütün resimler, padişahlara ait portreler bu sarayda sergilenerek müze haline getirildi.

Esen Hanım bu muhteşem müzeyi bir günde gezemeyeceğini anladı. İstan-

21

bul'a o kadar gitmiş gelmiş, nedense buraya gelmeyi hep ihmal etmişti. Oysa şimdi bu müzenin, İstanbul'un doğa güzelliklerinden daha önemli olduğunu anlıyordu. Gerçi böyle bir kıyaslama çok saçmaydı. Ama Esen Hanım gözlerinin önünde beş yüz yıllık bir tarihin durduğunu görüyordu. Bu elbiseleri padişahlar giymiş, bu tahtlara padişahlar oturmuş, bu paha biçilmez değerdeki mücevherleri sultanlar takınmıştı. Derin hayaller içerisinde saatlerce müzeyi gezdi. Sanki tatlı bir rüyada gibiydi.

Müzenin bahçesine çıktığında yüzüne soğuk bir rüzgâr çarptı. Ağaçlara baktı. Dallarda tek yaprak kalmamıştı. "Her milletin bir kışı, yazı olur" diye düşündü. Müzenin kapanmasına yarım saat kalmıştı. Harem dairesine gitmekten vazgeçti. En çok görmek istediği Hırka-i Saadet Dairesine gitti.

Hırka-i Saadet Dairesinde Mukaddes Emanetler bulunuyor ve İslam büyüklerine ait eşyalar sergileniyordu. Herkes burada, bir cami veya kiliseyi ziyaret eder gibi sessizce hareket ediyordu. Esen Hanım, kılıçların bulunduğu bir vitrinin önünde durdu. Vitrinin içerisinde Hazreti Muhammet, Hazreti Davud, Hazreti Ebubekir, Hazreti Osman, Hazreti Ali gibi İslam büyüklerine ait kılıçlar vardı.

Hazreti Muhammet'in eşyaları için Hırka-i Saadet Dairesinde özel bir oda ayrılmıştı. Burada da Hazreti Muhammet'in mektupları, ok ve yayı, bazı özel eşyaları bulunuyordu. Esen Hanım "İnsanlar savaşmasa olmaz mı!" diye düşündü. Olmuyordu, nedense insanlar bir türlü savaşmaktan vazgeçmiyorlardı.

Bu sırada bekçinin "Müze kapandı, lütfen herkes dışarı!" diyen sesi duyuldu. Esen Hanım saatine baktı. Saat beş buçuk olmuştu. Vaktin nasıl bu kadar çabuk geçtiğini anlamadı. Derin düşünceler içerisinde istemeyerek müzeden ayrıldı.

3 B

SULTAN MURAT'LA BEKRİ MUSTAFA

Sultan Murat bir gün veziri ile beraber tebdil gezerken Beşiktaş İskelesinden Üsküdar'a geçmek istemiş. O sırada bir sandala binerek kıyılarda dolaşmakta olan Bekri Mustafa'yı sandalcı sanarak çağırıp sormuşlar:

–Bizi karşıya geçirir misin?

Bekri Mustafa'nın eşref saatine rast gelmiş olacak ki:

–Atlayın sandala, demiş.

Padişahla Vezir kayığa binmişler. Sahilden biraz açıldıktan sonra Bekri Mustafa kürekleri bırakmış, sandalın altından bir binlik çıkarıp, içindeki rakıdan bir teneke maşrapayı silme doldurarak bir nefeste midesine indirdikten sonra, maşrapayı tekrar doldurup Sultan Murat'la vezirine uzatmış:

–Haydi çekin bakalım.

Vezir:

–Rakı içmek âdetimiz değildir! demişse de Bekri:

–Yoo... demiş, burada ancak benim hükmüm geçer; içeceksiniz!

Padişahla veziri çarnaçar rakıyı içmek mecburiyetinde kalmışlar. Biraz daha yol aldıktan sonra Sultan Murat'la veziri, Bekri Mustafa'nın aynı şekilde ikinci bir teklifine maruz kalmışlar ve yine kabul etmekten başka çare bulamamışlar. Üsküdar sahiline az bir mesafe kaldığı zaman, Bekri Mustafa üçüncü defa olarak maşrapayı dayayınca vezir, artık seslerinin sahilden işitilebileceğini düşünerek, Bekri Mustafa'ya

- Eeey... Artık kâfi! Sen ne halt işlediğini biliyor musun?

- Ne halt işledim? Hiç haberim yok.

- Kimlere rakı içirmek isteğininin farkında mısın?

- Kimlere olacak? Benim gibi Allah'ın kullarına.

- Bre bedbaht, karşındaki velinimeti bîminnetimiz, padişahımız Sultan Murat hazretleridir. Ben de onun veziriyim! Sen padişahımızın içkiyi yasakladığını bilmiyor musun? Senin cezan idamdır.

Bu sözleri işiten Bekri Mustafa uzun bir kahkaha salıvererek:

-Olur şey değil be! Heriflere iki kadeh rakı içirdim, biri padişah oldu, öteki de vezir! Üçüncüyü de çekseydiler, biri Allahlığını, öteki de Peygamberliğini iddia edecekti, demiş.

ATASÖZLERİ

Ağaca balta vurmuşlar "sapı bedenimden" demiş.

Ağacı kurt, insanı dert yer.

Ağaç, meyvesi olunca başını aşağı salar.

Araba devrilince yol gösteren çok olur.

Arayan Mevlasını da bulur, belasını da.

Bir elin nesi var, iki elin sesi var.

Et tırnaktan ayrılmaz.

Evdeki hesap çarşıya uymaz.

Gözden ırak olan gönülden de ırak olur.

Metin İncelemeleri

3 İstanbul'da

1. Esen Hanım tatilini niçin İstanbul'da geçiriyor?
2. Esen Hanım İstanbul'da tatile niçin yalnız gidiyor?
3. Esen Hanım İstanbul'daki tatilde neler yapmayı düşünüyor?
4. Dolmabahçe Sarayı hangi günler kapalıdır?
5. Esen Hanım niçin Galata Kulesine gidiyor?
6. Esen Hanım Galata Kulesinde neler düşünüyor?
7. İstanbul'daki sis Esen Hanıma neyi hatırlatıyor?
8. Yemekten sonra Esen Hanım nerelere gidiyor?

3A Topkapı Müzesinde

1. Topkapı Müzesinde eskiden kimler otururdu?
2. Osmanlı padişahları hangi tarihten sonra Dolmabahçe Sarayında oturmaya başladılar?
3. Topkapı Müzesinde neler vardır?
4. Hırka-i Saadet Dairesinde neler bulunuyor?
5. Hazreti Muhammet'in eşyaları nerede bulunmaktadır?
6. Topkapı Müzesi neden önemlidir?

3B Sultan Murat'la Bekri Mustafa

1. Sultan Murat ve Bekri Mustafa kimdir?
2. Bekri Mustafa kimlere içki ikram ediyor?
3. Padişah ve Veziri neden rakı içmek zorunda kalıyorlar?
4. Bekri Mustafa, üçüncü kez rakı ikram edince padişah ve veziri neden içmiyor?
5. Vezir, Bekri Mustafa'ya neler söylüyor?
6. Bekri Mustafa Vezirin sözlerine niçin gülüyor?

Tartışma ve Yazma Konusu

1. *Hazreti Muhammet'in ve Halifelerin eşyaları neden Topkapı Müzesinde bulunmaktadır?*
2. *Sultan IV. Murat'ın içkiyi yasaklaması olumlu bir sonuca ulaşmış mıdır?*

4

DOLMABAHÇE SARAYINDA

İstanbul'da ilk dört gün çok çabuk geçti. Esen Hanım perşembe akşamı otele çok yorgun dönmüş, erkenden yatmak istiyordu. Telefon çaldı, resepsiyondaki memur, Esen Hanıma bir ziyaretçisi olduğunu ve lobide kendisini beklediğini söyledi. Esen Hanım şaşırdı. Bu saatte kim ziyaretine gelebilirdi.! Aceleyle giyinerek, merak içinde otelin lobisine indi. Lobide Mehmet Beyin kendisini beklediğini görünce çok sevindi. Sessiz bir köşeye oturarak hemen sohbete koyuldular. Esen Hanım İstanbul'da gezip gördüğü yerleri ballandıra ballandıra Mehmet Beye anlattı.

Mehmet Bey:

–Sen her yeri gezmişsin, beraber gezebileceğimiz pek bir yer kalmamış, dedi.

Esen Hanım:

–Kalmaz olur mu? İstanbul, değil dört günde, dört ayda bile gezmekle bitmez. Daha Dolmabahçe Sarayını dahi gezemedim, dedi.

Mehmet Bey:

–Öyleyse yarın Dolmabahçe Sarayından gezmeye başlayalım, dedi.

Bir saat kadar süren sohbetten sonra, ertesi gün saat dokuzda buluşmak üzere ayrıldılar.

Dolmabahçe Sarayı, İstanbul Boğazının en güzel yerine yapılmıştı. Sarayın denize bakan yönünde 600 m. uzunluğunda mermer bir rıhtım vardı. Esen Hanım ve Mehmet Bey önce sarayın bahçesini gezdiler. Esen Hanım Dolmabahçe Sarayını tanıtan bir kitap almıştı. Bu kitaptan edindiği bilgileri sürekli olarak Mehmet Beye anlatıyor, Mehmet Bey de ona çeşitli sorular soruyordu:

–Dolmabahçe Sarayı mı güzel, Topkapı Müzesi mi?

–Bilmem, Dolmabahçe Sarayını henüz gezmedik. Topkapı Müzesinde paha biçilmez değerde pek çok eser ve mücevher var. Dolmabahçe Sarayı Topkapı Müzesinden biraz daha büyük. Dolmabahçe Sarayının uzunluğu 284 metre, 18 salon, 200 odası var.

–Biz bunların hepsini gezecek miyiz?

–Başka işimiz mi var?

–Doğru, haklısın. Birden 18 salon, 200 oda bana çok gibi geldi de.

Esen Hanım ve Mehmet Bey sarayın bahçesini gezdikten sonra sefirlerin kabul edildiği salona girdiler. Sarayın duvarları altın yaldızlarla süslenmişti. Kristal avize ve şamdanlar ışığı çeşitli renklere ayırarak mücevher gibi yansıtıyordu. Yerler Hereke'de özel olarak dokutulmuş büyük ve muhteşem halılarla kaplıydı. Esen Hanım Mehmet Beye sordu:

–Biliyor musun, bu saray yapılırken duvarları süslemek için ne kadar altın kullanılmış?

Mehmet Bey dudak büktü:

–Nereden bilebilirim, bu konuda hiçbir şey okumadım, dedi.

Esen Hanım, on dört buçuk ton altının saray duvarlarını süslemek için yaldız olarak kullanıldığını anlattı. Mehmet Bey şaşırdı:

–Bu Sarayın çok değerli olduğunu duymuştum, ama bu kadar değerli olduğunu bilmiyordum, dedi.

Birçok salon ve odalardan geçerek sarayın ünlü hamamına geldiler. Bu hamam Hindistan'dan gelen şeffaf mermerlerden yapılmıştı. Sarayın paha biçilmez yerlerinden biri idi. Esen Hanım şeffaf mermerlere dokundu. Bugüne kadar hiç böyle bir mermere rastlamamıştı. Mermerler dantela gibi güzel nakışlarla işlenmiş, bir sanat şaheseri haline gelmişti.

Vakit öğle olmuş, Sarayın ancak bir kısmını gezebilmişlerdi.Mehmet Bey, İstanbul'da sadece hafta sonu kalacağından başka yerleri de görmek istiyordu. Adımlarını çabuklaştırarak sarayın diğer kısımlarını gezdiler.Atatürk'ün vefat ettiği odaya geldiler. Oda son derece sade döşenmişti. Atatürk'ün yatağının yanındaki saat 9.05'i gösteriyordu.10 Kasım 1938'de Atatürk Dolmabahçe Sarayının bu odasında saat dokuzu beş geçe hayata gözlerini yummuştu.

Daha sonra Atatürk'ün tabutu sarayın bayramlaşma salonuna indirilmiş ve halk akın akın dokuz gece tabutun önünden geçerek, Atatürk'ü son bir defa selamlamak istemişlerdi. Cenaze töreninden sonra Atatürk'ün tabutu Dolmabahçe Sarayından alınarak Ankara'ya getirilmişti.

Esen Hanım ve Mehmet Bey sarayın bayramlaşma salonunda bir süre sessizce kaldılar. İkisi de duygulanmış, hem eski günleri düşünüyor, hem de salonu inceliyordu. Esen Hanım Mehmet Beye:

–Bu salonun özelliklerini biliyor musun? diye sordu.

Mehmet Bey:

–Bilmeme gerek yok, hepsini görüyorum, Avrupa'da pek çok saray gördüm, hiç böylesine rastlamadım, dedi.

Esen Hanım:

–Ben de görüyorum, ama okuduğum kitaptan bazı bilgileri aktarmak istiyorum, dedi.

Şu gördüğün avizenin ağırlığı 4.5 ton. Tavanın yüksekliği de 36 metre. Bu salon 1500 kişiyi alabilecek bir kapasiteye sahip. Salonun kubbesi 56 sütun üzerinde duruyor.

Mehmet Bey, Esen Hanıma:

–Bakıyorum, sen hepsini ezberlemişsin, dedi.

Esen Hanım:

–Sana daha ilginç bir şey söyleyeyim, dedi. Bu sarayın sigortası var mı?

–Elbette vardır.

–Hayır, yok.

–Neden? Bu kadar değerli bir sarayın sigortası nasıl olmaz!

–Dünyada bütün saraylara değer biçilmiş, ama Dolmabahçe Sarayına değer biçilemediği için, hiçbir şirket bu sarayı sigorta yapmamış.

Bayramlaşma Salonunun denize bakan kapısından dışarı çıktılar. Mehmet Bey sarayın yapıldığı mermerlere yeniden baktı. Saray, Marmara adasının mavimsi mermerlerinden yapılmıştı. Sanki denizin mavisi mermerlere aksediyordu.

Mehmet Bey:

–Gerçek sanat eserinin ne olduğunu şimdi daha iyi anlıyorum, dedi.

Esen Hanım:

–Nedir, diye sordu.

Mehmet Bey:

–Gerçek sanat eseri, insanda heyecan uyandıran, insanı yenileyen, insanı bambaşka dünyalara hayallere sürükleyebilen eserlerdir, dedi.

İkisi de yarı gerçek, yarı hayal alemindeymiş gibi saraydan ayrıldılar.

İSTANBUL'U DİNLİYORUM

İstanbul'u dinliyorum, gözlerim kapalı;
Hafiften bir rüzgâr esiyor;
Yavaş yavaş sallanıyor
Yapraklar ağaçlarda;
Uzaklarda çok uzaklarda
Suların hiç durmayan çıngırakları;
İstanbul'u dinliyorum, gözlerim kapalı.

İstanbul'u dinliyorum, gözlerim kapalı;
Kuşlar geçiyor derken
Yükseklerden, sürü sürü, çığlık çığlık;
Ağlar çekiliyor dalyanlarda;
Bir kadının suya değiyor ayakları;
İstanbul'u dinliyorum, gözlerim kapalı.

İstanbul'u dinliyorum, gözlerim kapalı;
Serin serin Kapalıçarşı,
Cıvıl cıvıl Mahmutpaşa,
Güvercin dolu avlular,
Çekiç sesleri geliyor doklardan
Güzelim bahar rüzgârında ter kokuları;
İstanbul'u dinliyorum, gözlerim kapalı.

İstanbul'u dinliyorum, gözlerim kapalı;
Başında eski âlemlerin sarhoşluğu,
Loş kayıkhaneleriyle bir yalı.
Dinmiş lodosların uğultusu içinde.
İstanbul'u dinliyorum, gözlerim kapalı.

İstanbul'u dinliyorum, gözlerim kapalı;
Bir yosma geçiyor kaldırımdan.
Küfürler, şarkılar, türküler, lâf atmalar.
Bir şey düşüyor elinden yere;
Bir gül olmalı.
İstanbul'u dinliyorum, gözlerim kapalı.

İstanbul'u dinliyorum, gözlerim kapalı;
Bir kuş çırpınıyor eteklerinde.
Alnın sıcak mı değil mi, biliyorum;
Dudakların ıslak mı değil mi, biliyorum;
Beyaz bir ay doğuyor fıstıkların arkasından
Kalbinin vuruşundan anlıyorum;
İstanbul'u dinliyorum.

Orhan Veli KANIK

MEVLÂNA

Mehmet ÖNDER

Mevlâna bir gün: (Yetmiş iki millet sırrını bizden işitir.) demişti de, devrin mutaassıplarını çileden çıkarmıştı. Kadı Sıraceddin'e dert yanmışlardı:

- Mevlâna herkesle dost olduğunu söylüyor, yetmiş iki millet dostumdur, diyor. Bu nasıl olur, bu söz küfür değil de nedir?

Kadı Sıraceddin, bu sözün tahkiki için bir adamını Mevlâna'ya gönderiyor. Adam, Mevlâna'ya:

- Sen yetmiş iki milletle dost olduğunu söylüyormuşsun, doğru mu?

- Evet, böyle söyledim.

Ağza alınamayacak sözlerle hareket ediyor adam; Mevlâna sabır ve sükûnet içinde dinliyor, sonra:

- Sözleriniz bitti mi, diyor.

Adam:

- Evet.

- Ben senin söylediklerinle beraberim, seninle de dostum.

Şaşırıyor gelen adam... Sonra içinde bir burkulma, pişmanlık duyuyor. Büyük insanın dizlerine kapanarak, özür diliyor.

Mevlâna kinsiz, kavgasız, barışık bir dünyayı düşünüyordu yedi yüz yıl önce...

Bir gün, devrin ileri gelenlerinden Alâmeddin Kayser'e sormuşlardı:

- Neden Mevlâna'yı bu kadar çok seviyorsun?

Cevabı şu olmuştu:

- Her peygamberi ümmeti, her veliyi müridleri sever. Fakat görüyorum ki, Mevlâna'yı herkes seviyor. Ben nasıl olur da sevmem?

Gerçekten Mevlâna, din ve mezhep farkı gözetmeden herkesle görüşüyor, onları dinliyor, sonra bir söze başladı mı, karşısındakini inandırıcı, sağlam delillerle kendi tarafına çekiveriyordu. Bu yüzden kendisiyle görüşen birçok Hıristiyan, onu dinledikten sonra müslüman olmuş, hidayete ermişti.

Bir gün görüştüğü bir papaza sormuştu:

- Sen mi büyüksün? yoksa sakalın mı?

Papaz çekinmeden cevap vermişti:

- Ben sakalımdan yirmi yaş büyüğüm...

- Senden yirmi yaş küçük olan sakalın ağarmış... Yazık değilmi ki, sen hâlâ karanlıklar içindesin...

Bu sözün taşıdığı ince, zarif mânayı anlayan papaz, hemen o gün müslüman olmuştu.

Konya yakınlarındaki Eflâtun Manastırına gidiyor, orada papazlar, Mevlâna'yı derin bir hûşû içinde dinliyor, sözlerini gönülden tasdik ediyorlardı. Bir gün Konya çarşısından geçerken, karşılarına bir papaz gelmişti. Papaz, Mevlâna'yı görünce eğilerek selâm verdi. Mevlâna daha fazla eğilerek mukabelede bulundu. Papaz doğrulunca baktı ki, Mevlâna hâlâ ihtiram vaziyetindedir. Nihayet görüşüp ayrıldılar. Biraz ilerledikten sonra, Mevlâna yanındakilere:

- Şükür Allah'a, tevazuda da papazı yendik,

demişti.

Bu hikâyeler uzar gider. Onun tapısında yalnız insan vardır. İnanan ve imân eden insan. Mevlâna'ya göre, insan, sûrette küçük bir âlemdir amma, gerçekte en büyük âlemdir. Mesnevi'sinde : (*Görünüşte dal, meyvanın aslıdır. Fakat düşünülecek olursa, dal, meyva için varolmuştur* "c. 4, b. 521") der.

(*Birlik nefirini üfle de hepimiz toplanalım, bir araya gelelim, bir olalım. Sûretler, bir an olsun, tamamiyle ortadan kalksın. Kendimizden geçersek, suyla aynı renge gireriz. Biz bir ağacın dallarıyız, hepimiz kapı yoldaşıyız*).

Metin İncelemeleri

4 Dolmabahçe Sarayında

1. Esen Hanımı kim ziyaret ediyor?
2. Esen Hanım ve Mehmet Bey ertesi gün saat kaçta buluşuyorlar?
3. Dolmabahçe Sarayı nerededir?
4. Dolmabahçe Sarayında kaç salon ve kaç oda var?
5. Dolmabahçe Sarayının duvarlarını süslemek için ne kadar altın kullanılmış?
6. Dolmabahçedeki hamamın özellikleri nelerdir?
7. Atatürk nerede ve saat kaçta ölmüştür?
8. Bayramlaşma salonunun özellikleri nelerdir?
9. Dolmabahçe Sarayının sigortası niçin yoktur?
10. Gerçek sanat eserinin özellikleri nelerdir?

4B Mevlâna

1. Mevlâna niçin yetmiş iki millete dost olarak bakıyor?
2. Mevlâna'nın bu düşüncesi bazı kimselerce niçin tepkiyle karşılanıyor?
3. Mevlâna kaçıncı yüzyılda ve nerede yaşamıştır?
4. Alâmeddin Kayser, Mevlâna'yı niçin seviyor?
5. Mevlâna niçin din ve mezhep farkı gözetmiyor?
6. Sakallı papaz niçin müslüman oluyor?
7. Mevlâna'ya göre insan nedir?
8. Dal mı meyve içindir? Mevye mi dal içindir?

Tartışma ve Yazma Konusu

1. Bütün insanlar birbirini severse savaşlar ortadan kalkar mı?
2. Yunus Emre'nin aşağıdaki iki mısrası ile Mevlâna'nın düşüncelerini karşılaştırınız.
> *Yaratılmışı hoş gördük,*
> *Yaratandan ötürü*

5

BOĞAZİÇİ VAPURU

Mehmet Bey : Az daha varupu kaçıracaktık. Tam zamanında yetiştik.

Esen Hanım : Boğaziçi vapuru her gün tam saat 9.30'da hareket ediyor. Saat 17'ye kadar turistleri gezdiriyor. Çoğu zaman vapurda hiç yer olmuyor. Bugün hava biraz yağışlı ve sisli olduğundan pek kimse yok.

Mehmet Bey : Yine de çok turist var. Ben bu havada vapurun bile kalkacağından şüpheliyim. Baksana, yağmur çiselemeye başladı bile. İnsan İstanbul'da dört mevsimi bir günde yaşıyor.

Esen Hanım : Bak, Boğaz Köprüsüne yaklaştık. Bu köprünün uzunluğunun ne kadar olduğunu biliyor musun?

Mehmet Bey : Hayır, bilmiyorum. Yalnız dünyanın ikinci büyük köprüsü olduğunu duydum.

Esen Hanım : Dünyanın ikinci büyük köprüsü olduğu doğru. Köprünün uzunluğu 1500 metre, denizden yüksekliği 64 metre, iki ayağının uzunluğu 1074 metre, genişliği ise 33 metre.

Mehmet Bey : Çok güzel, sen de yüz üzerinden tam puan aldın.

Esen Hanım : Niçin?

Mehmet Bey : Hepsini çok güzel öğrenmişsin.

Esen Hanım : Şaka yapma, hepsini kitaptan okudum.

Mehmet Bey : Pekiyi, kitapta şu güzel yalılar hakkında ne yazıyor?

Esen Hanım : Bilmem, kitabı sana vereyim. Bir de sen oku.

Mehmet Bey : Şimdi zaman yok. Bak bütün turistler fotoğraf ve film çekiyor. Bu güzellikleri kaçırmasak iyi olur. Biz de biraz fotoğraf çekelim.

Esen Hanım : Haklısın, az sonra Rumeli Hisarına varacağız.

Mehmet Bey : Vapur nereye kadar gidiyor?

Esen Hanım : Rumeli Kavağına kadar gidiyor. Öğle vakti saat 12.30'da Rumeli Kavağında olacağız. Bir buçuk saat yemek molası verilecek. Saat 14'te Anadolu Kavağına hareket edeceğiz. Karşıki sahili izleyerek geri döneceğiz. Saat 17'de yine Galata Köprüsünün orada olacağız.

Mehmet Bey : Çok güzel, öyleyse Boğaziçindeki bütün tarihî eserleri ve doğal güzellikleri görebileceğiz. Şu martıların güzelliklerine bak.

Esen Hanım : Martılar balıkçı teknelerinin çevresinde uçuşup duruyorlar. Balıkçıların attığı küçük balıkları yiyorlar.

Mehmet Bey : Sağ tarafımız Asya Kıtası, sol tarafımız Avrupa kıtası ve biz iki kıta arasında vapurla gezi yapıyoruz.

Esen Hanım : İstanbul bu, Doğunun ve Batının birleştiği, iki kıtayı birbirine bağlayan güzel kent. Artık kışları da İstanbul'a gelebiliriz. Bu kent gezmekle bitmez.

Mehmet Bey : Bir de baharda gelelim. Bahar ne de olsa bahardır ve İstanbul, baharda daha bir başkadır.

5 A

MİMAR SİNAN (1490-1588)

Kanuni Sultan Süleyman bir gün Mimar Sinanı yanına çağırdı ve ondan o güne kadar atalarının yaptırdığı camilerden çok daha güzel bir cami yapmasını istedi. Mimar Sinan camiyi yapabilmek için önce İstanbul'un en güzel tepelerinden birini seçti. Yapacağı caminin İstanbul'un her tarafından görülmesi gerekiyordu. 1549'da caminin yapımına başladı. Ülkenin her tarafından inşaatta kullanılmak üzere güzel taşlar getirtti. Aradan altı yıl geçti. Yaşlı padişah sabırsızlanıyor, caminin bir an önce bitmesini istiyordu. Sinan ise acele etmiyor, inşaata titizlikle devam ediyordu. Bu arada Sinan'ın düşmanları sürekli olarak padişaha onu kötülüyor, caminin yapımını özellikle ağırdan aldığını söylüyorlardı.

Bu söylentilere çok sinirlenen padişah, bir gün ansızın camiye gitti. Sinan caminin mihrap ve minber kısımlarının düzeltilmesi işiyle meşguldü. Padişah, Sinan'ın fazla oyalanmamasını, camiyi en kısa sürede bitirmesini istedi. Aradan bir süre daha geçti. Cami bir türlü bitmiyor, Mimar Sinan, Padişahı devamlı olarak oyalıyordu. Sinan'nın düşmanları da her fırsattan istifade ederek, onu padişaha kötülemeye devam ediyorlardı. Bir gün yine fena halde sinirlenen padişah, Sinan'ı yanına çağırdı. Sinan, Padişahın öfkesini sezmiş, dikkatli olmazsa kafasının uçurulacağını anlamıştı. Soğukkanlılığını yitirmedi. Padişah yine caminin neden bu kadar geciktiğini sordu. Sinan tamamen sakin bir sesle cevap verdi: "Sultanım, bugüne kadar binanın temelleri henüz yerine oturmamıştı. Bu temeller üzerine yapılan cami uzun ömürlü olmazdı. Oysa ben size yapacağım caminin, sizin şan ve şöhretiniz kadar uzun ömürlü olmasını istedim. Temellerin yerine oturmasını bunun için bekledim. Artık temeller yerine oturmuştur. Camiyi iki ay içerisinde size teslim edeceğim"dedi. Hiç kimse Sinan'ın camiyi iki ayda bitireceğine inanmadı. Ona çılgın gözüyle baktılar. Sinan sözünü tuttu. İki ay içerisinde caminin yapımını bitirdi.

Caminin güzelliği karşısında padişahın gözleri kamaştı. İki ay gibi kısa bir sürede bu muhteşem yapının ortaya çıkmasına o da çok şaşırmıştı. Caminin açılış töreninde bu işi yapacak en değerli elin Sinan'ın eli olduğunu söyleyerek, açılışı ona yaptırdı. Süleymaniye Camisinin yapımından sonra Sinan, 67 yaşında şan ve şöhretin doruk noktasına çıktı.

Kanuni Sultan Süleyman'dan sonra, yerine II. Selim tahta geçti. Sinan, II. Selim için de Edirne'deki Selimiye Camisini yaptı. Sanat tarihçileri her iki eseri de çok güzel bulmakla birlikte, Selimiye Camisinin daha güzel olduğunu söylerler.

Sinan'ın üç yüz elli civarında eseri vardır. Bunlardan seksen bir tanesi cami, geri kalanlar da saray, medrese, köprü gibi eserlerdir. Bunların hepsi de günümüzde ayrı ayrı birer sanat şaheseri kabul edilmektedir.

EĞRİ MİNARELİ CAMİ

Süleymaniye Camisinin yapımı tamamlanmıştı. Binlerce insan camiyi görmeye geliyordu. Kalabalığın içerisinde küçük bir çocuk dikkatle minarelerden birini inceliyordu. Minareye uzun uzun baktıktan sonra yanındaki bir adama "Amca bak, şu minare eğri değil mi?" diye sordu. Adam minareye baktı. Bu arada birkaç kişi daha geldi. Çocuğun gösterdiği minarenin eğri olup olmadığını tartışmaya başladılar. O sırada halkın arasında Mimar Sinan da dolaşıyordu. Tartışmayı duydu. Çocuğun yanına gelerek hangi minarenin eğri olduğunu sordu.

Ustabaşı ve işçiler toplandılar. Uzun ve kalın bir halat buldular. İki işçi minarenin tepesine çıktı. Halatın bir ucunu minareye bağladılar, diğer ucunu da aşağı salıverdiler. Aşağıda bulunan işçiler halatın ucundan tuttular. Mimar Sinan çocuğu minarenin hangi tarafa doğru eğri olduğunu sordu. Çocuk "Bakın amca, minare sol tarafa doğru eğri" dedi. Mimar Sinan işçilere ipi sağ tarafa doğru çekmelerini söyledi. İşçiler halatı bütün güçleriyle sağ tarafa doğru çektiler. Halk toplanmış olup biteni büyük bir merakla seyrediyordu. Az sonra Mimar Sinan çocuğa yeniden sordu: "Nasıl, yavrum minare doğruldu mu? Çocuk "Azıcık doğruldu. Biraz daha sağa çekerseniz tamamen doğrulur? diye cevap verdi. İşçiler halatı sağa doğru biraz daha çektiler. Çocuk sevinçle "Tamam, minare dosdoğru oldu"dedi.

Bunun üzerine işçiler halatı topladılar. Herkes gidince ustabaşı Mimar Sinan'a sordu: "Hiç halat çekmekle minare doğrulur mu?" Mimar Sinan "Elbette doğrulmaz" diye cevap verdi.

"Öyleyse neden halatla minareyi doğrultmaya çalıştık? Hiç bu kadar küçük bir çocuğun sözüne bakılır mı?"

Mimar Sinan güldü, sakalını sıvazlayarak "Küçük bir çocuk, minarenin eğri olduğunu söyler. Etrafa bu söylenti yayılır. Herkes minarenin eğri olup olmadığını tartışmaya başlar. Bu da bizim şöhretimize gölge düşürür. Bu sebeple bu küçük oyunu oynadık"dedi.

Mimar Sinan'ın eserleri

Selimiye Camii

Selimiye Camisinden bir detay

Süleymaniye Camii

Metin İncelemeleri

5 Boğaziçi Vapuru

1. Boğaziçi Vapuru saat kaça kadar turistleri gezdiriyor?
2. Boğaziçi Köprüsü dünyanın kaçıncı büyük köprüsüdür?
3. Boğaziçi Vapuru nereye kadar gidiyor?
4. Yemek molası ne kadar sürüyor?
5. Boğaziçi Vapuru dönerken hangi sahili izliyor?
6. Boğaz Köprüsü hangi kıtaları birbirine bağlıyor?
7. Boğaziçi Vapuru hangi kıtalar arasında gezinti yapıyor?
8. Boğaziçi Vapuru ile gezerken turistler neleri görüyor?

5A Mimar Sinan

1. Kanuni Sultan Süleyman, Mimar Sinan'dan ne istiyor?
2. Mimar Sinan camiyi yaptırmak için nasıl bir yer seçiyor?
3. Padişah niçin sabırsızlanıyor?
4. Padişah camiye niçin gidiyor?
5. Sinan caminin yapımını niçin geciktiriyor?
6. Padişah, caminin açılışını niçin Sinan'a yaptırıyor?
7. Mimar Sinan, II. Selim için hangi camiyi yaptı?
8. Mimar Sinan'ın eserleri nelerdir?

5B Eğri Minareli Cami

1. Çocuk kime minarenin eğri olduğunu söylüyor?
2. Kimler minarenin eğri olup olmadığını tartışıyorlar?
3. İşçiler minarenin tepesine neden çıkıyorlar?
4. Çocuk, minarenin hangi tarafa doğru eğri olduğunu söylüyor?
5. İşçiler minareyi hangi tarafa doğru çekiyorlar?
6. Ustabaşı, Mimar Sinan'a ne soruyor?
7. Mimar Sinan ustabaşıya ne cevap veriyor?
8. Sizce Mimar Sinan bu davranışıyla neyi gösteriyor?

Tartışma ve Yazma Konusu

1. *Türkiye, hangi açılardan Asya ve Avrupa arasında bir köprüdür?*
2. *İnsanlar ölür, eserleri yaşar. Mimar Sinan'ın hangi eserleri günümüzde yaşamaya devam etmektedir?*

6

ANITKABİR'DE

Atatürk 1881 - 1938 yılları arasında yaşadı. Bu kısacık hayatında inanılmayacak ölçüde büyük işler yaptı. Ölümünden sonra Ankara'da kendisi için, geniş bir alan içerisine Anıtkabir yapıldı. Ankara'ya gelen bütün yerli, yabancı turistler, genellikle Anıtkabir'i ziyaret ederler. Erksin Hanımın öğrencileri de Anıtkabir'i ziyaret etmek istiyorlardı. İsteklerini Erksin Hanıma söylediler. Erksin Hanım bu isteği memnuniyetle kabul etti. Yanına öğretmen arkadaşı Neşe Hanımı da alarak öğrencilerle birlikte Anıtkabir'e gittiler.

Vakit ikindi üzeriydi. Tatlı bir güneş, hafif bir rüzgâr vardı. Öğrenciler Erksin Hanımı soru yağmuruna tutmak için sabırsızlanıyorlardı. Atatürk'ün mozolesinin bulunduğu yere doğru yürüdüler. Bir öğrenci Erksin Hanıma Atatürk'ün Türkiye'de neden bu kadar çok sevildiğini sordu.

Erksin Hanım, Birinci Dünya Savaşında Atatürk'ün yeni bir ordu kurarak, düşmanı bozguna uğratıp yok ettiğini, ülkeyi bağımsız hale getirerek Cumhuriyeti kurduğunu uzun uzadıya anlattı.

Öğrenciler, Erksin Hanımın anlattıklarını bir masal kahramanını dinler gibi dinliyorlardı. Erksin Hanım derin bir nefes aldı. Anlattıkları onu da duygulandırmıştı. Bir an sustu, kısa bir sessizlik oldu.

Atatürk'ün mozolesine gelmişlerdi. Bütün devlet büyükleri, yabancı diplomatlar, önemli günlerde ve millî bayramlarda buraya gelir, törenle çelenk koyar, Atatürk'ün manevî huzurunda saygı duruşunda bulunurlardı.

Öğrenciler "Keşke öbür arkadaşlarımızı da buraya getirseydik" dediler. Neşe Hanım "İyi olurdu, onlar da bunu çok istiyorlardı"dedi. Hep birlikte dışarı çıktılar, müzeye doğru yürüdüler. Müzede Atatürk'ün kullandığı bütün şahsi eşyalar, sağken giydiği elbiseler, okuduğu kitaplar vardı. Fakat ne yazık ki müze kapanmıştı.

Kapıda duran bir asker "Müzenin saat 9 ile 17 arasında açık olduğunu" söyledi. Neşe Hanım saate baktı. Saat on yediyi beş geçiyordu. Müze beş dakika önce kapanmıştı. Erksin Hanım "Vakit ne kadar çabuk geçmiş, ben saat on sekizde kreşe uğrayıp Bahar'ı alacağım"dedi. Hep birlikte Anıtkabir'deki Aslanlı Yola doğru yürümeye başladılar. Bu sırada Anıtkabir'i bekleyen askerler nöbet değiştiriyorlardı. Anıtkabir'in duvarlarında bulunan kabartma resimleri incelediler. Öğrenciler devamlı sorular soruyor, Erksin Hanımla Neşe Hanım da onlara cevap yetiştirmeye çalışıyorlardı. Derken konu tartışmaya dönüştü. Çıkış kapısındaki heykelin yanına geldiler.

Erksin Hanımın saat on yedi kırk beşe kadar zamanı vardı. Biraz daha sohbet edip, bu konuları sınıfta yeniden görüşmek üzere ayrıldılar.

43

6 A

ATATÜRK'ÜN ÖZELLİKLERİ

Cemalettin : Sizce Atatürk'ün en önemli özellikleri nelerdir?

Erksin Hanım : Pozitif düşünce sistemine sahip, bilime her şeyden daha çok önem veren ileri görüşlü bir insandır. İyi bir asker, zeki bir politikacı, güçlü bir devlet adamıdır.

Muhammed : Genellikle her ülkenin böyle büyük bir lideri ve devlet adamı vardır. Türkiye'nin de kurucusu ve lideri Atatürk olmuştur.

Neşe Hanım : Atatürk yeni Türkiye Cumhuriyetini kurmakla kalmamış, onu yaşatacak ilkeleri de koymuştur. Ayrıca bence Atatürk'ün en önemli özelliği, dünyayı ve dünya milletlerini bir bütün olarak düşünmüş olmasıdır. Bu sebeple de "Yurtta sulh, cihanda sulh" ilkesini koymuştur. Dikkat ettiyseniz, Birinci Dünya Savaşından sonra Türkiye hiçbir savaşa katılmamış, daima barışı seçmiştir. Dünya tarihi boyunca ilk kez Anadolu toprakları bu kadar uzun süre barış içinde kalmıştır.

Hâle : Atatürk, kadınların haklarına da çok önem vermiştir.

Erksin Hanım : Neye önem vememiş ki!.. Bir milleti oluşturan bütün hususları, en ince ayrıntılarına varıncaya kadar düşünmüş, hepsine gereken önemi vermiştir. 23 Nisan 1923'te her yıl kutlanmak üzere Çocuk Bayramı koymuştur. Sanırım bu, dünyada çocuklar için konan ilk bayramdır. 19 Mayıs Gençlik ve Spor Bayramını da gençlere armağan etmiştir. Çünkü çocuklar ve gençler dünyanın geleceğidir. Kadın, çocukları yetiştirerek dünyanın geleceğini hazırlar. Atatürk'ün kadınlar için söylediği şu söz bence konuyu açıklamaya yeter: "Bir erkeği okutursanız bir kişiyi kurtarırsınız, bir kadını okutursanız bir aileyi kurtarırsınız".

Cemalettin	:	Türkiye'de bir erkek birden fazla kadınla evlenebilir mi?
Neşe Hanım	:	Bütün yabancılar hep aynı şeyi soruyor. Bizde bir erkek, sadece bir kadınla evlenebilir. Birden fazla kadınla evlenmesi yasaktır.
Muhammed	:	Atatürk kadınlara çok önem veriyor. Ama kendisi evlenmemiş.
Erksin Hanım	:	Latife Hanımla evlendi. Sonra ayrıldılar.
Muhammed	:	Neden ayrıldılar?
Erksin Hanım	:	Atatürk, kendini millete adamıştı. Kadınlar erkeklerden ilgi bekler. Atatürk gece gündüz devlet işleriyle uğraşıyordu. Latife Hanıma gerekli ilgiyi gösterecek zamanı yoktu. Bu yüzden ayrıldılar.

Muhammed	:	Anlıyorum, ben evlenince eşime gerekli ilgiyi göstereceğim.
Neşe Hanım	:	Birçok lider ihtilal yapar, savaş kazanır, yöneticileri değiştirir. Sonra sadece devlet idaresiyle meşgul olur. Değişen sistem değil, idarecilerdir. Atatürk tüm devlet sistemini yeniden kurmuş, inkılâplar yapmış ve bu inkılâpların yaşaması için bütün kanun ve kuralları sağlam olarak koymuştur. Aksi takdirde bugünkü Türkiye Cumhuriyeti sapasağlam ayakta durmazdı.
Eksin Hanım	:	Vakit çok geç oldu. Kreşe uğrayıp Bahar'ı almam gerektiğini size söylemiştim. Yoksa benim kızı orada mı bırakacaksınız?
Cemalettin	:	Tamam gidiyoruz. Yalnız son bir sorum var. Atatürk'ün en çok beğendiğiniz sözü hangisidir?
Neşe Hanım	:	Bence Atatürk'ün felsefesini en güzel şekilde yansıtan sözü şudur: "Hayatta en hakiki mürşit ilimdir." Bu Atatürk'ün ilimden başka bir kılavuz kabul etmediğini, ilme her şeyden daha çok değer verdiğini gösteriyor.

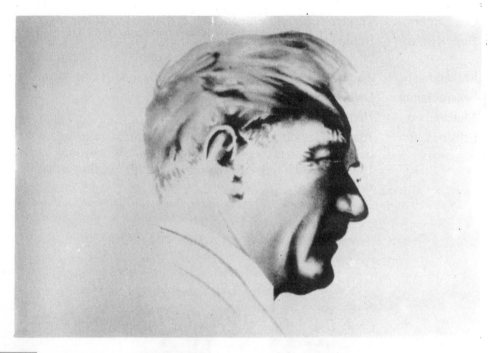

6 B

ATATÜRK İÇİN NE DİYORLAR?

Dimdik, erkek yapılı bir vücut, şaşmaz bir vakar, gayet temiz bir kıyafet, düzgün yüz hatları, etkili çelik mavisi gözler, gür kaşlar, yüzünde birkaç keskin çizgi, çokluk ciddi ve sert bir çehre, her bakışında, her davranışında, hatta her hareketsiz duruşunda bile büyük bir canlılık... Kafası ve vücudu kurulmuş yaylar gibi her an harekete hazır...

Muhakkak ki eşi benzeri olmayan bir insandı. Tehlike karşısında korkmak veya güçlükler çıktıkça kararsızlık nedir bilmezdi.

Sadakat istedi ve hak etti. Kudret asla başını döndürmedi; çünkü yaradılışında küçüklük yoktu.

O, asla uysal, munis değildi; aksine sertti. Çünkü hayatı hep çetin tehlikeler ve güçlüklerle geçmişti. Fakat âdildi.

Görüşü o kadar keskin ve sıhhatli idi ki, olayların gidişi, halkın duyguları ve Türkiye'nin dış ilişkilerle ilgili ihtiyacı hakkındaki sezişleri, şaşılacak bir şekilde doğru çıkardı (1948).

(Ülkü Dergisi, 1949, seri III, sayı 36)
Eski İngiltere Büyükelçisi Sir Percy Loraine

Tarihte bu insan gibi, vatanını kurtaran, daha doğrusu dirilten büyük insanlar vardır. Böyle korkunç bir serüvene atılmak bile, çoğu zaman, kişinin ölümsüzlüğe ulaşması için yeter. Vergingetori bunun en güzel örneğidir. Galyalı kahraman gibi Türk kahramanı da, tam her şeyin bitti sanıldığı anda otaya çıktı. Böylece bütün meseleler yeniden masanın üstüne kondu. Ben bile Sevres'ten sonra Türkiye'nin öldüğünü sanmıştım. Ama Türkiye yaşıyor; hem, Mustafa Kemal başına geçeli beri öylesine canlı yaşıyor ki, bir Lloyd George'un bütün çabaları, bütün imkânları, sağ duyuya meydan okuyan bu şiddetli yaşama isteğinin karşısında erimekten başka bir şey yapamıyor... Kişi, bir ölünün, tıpkı Lazare gibi tabutundan kapağını atıp yürüdüğünü görseydi, bundan daha çok şaşmazdı doğrusu (1930).

(Türk Dili 1964, C.XIV. sayı 158)
Fransız Yazarı Claude Ferrere)

Atatürk'ün değeri, kendi ülkesinin sınırlarını aşmaktadır.

O, Avrupa dünyasından, imparatorluk çekişmelerini ve geri ülkelerin sömürülmesi olanaklarını kaldırmıştır. Bu, Avrupa için iyidir. Çünkü, geri kalmış bir ulusun, güçlü ve sağlam bir ulusa hep çökertici bir etkisi vardır.

Atatürk'ün Doğu için değeri, somut ve olumludur. Çünkü O, bize kültürce Batının etkileri altında kalıp boğuluruz, diye duyduğumuz korkuların temelsiz olduğunu göstermiştir. O, Doğulu uluslara, ulusal bütünlüklerini yitirmeden kendi değerlerini yeni durumlara nasıl uygulayacaklarını göstermiştir (1944).

(Türk Dili 1964, C.XIV, sayı 158)
Mısırlı Yazar M.M.Moussharrafa

Asker Atatürk, Avrupalı güçlerin düzenlerine, o zaman hiç kimsenin göze alamadığı bir ataklıkla karşı koydu, böylece ülkesinin tarihini değiştirdi.

Devlet adamı Atatürk, Avrupa ülkelerinin sonradan Türkiye'yi eşit haklarla tanımalarını, giderek, Türkiye'nin, eski düşmanı Rusya'ya karşı bir siper, Ortadoğu dünyasında bir denge öğesi olarak Atlantik Antlaşmasına katılmasını sağladı.

O, Türkiye'ye yalnızca sürekli kurumlar değil, kökü yurtseverlikte, yeni bir kendine güvenle beslenen, yeni çabaları büyük armağanlarla değerlendirecek, ulusal bir ülkü kazandırdı. Onlara, içten inandıkları, yalnız ayrı bir yolda gerçekleştirmeye çabaladıkları Batı demokrasisinin değerlerine inancı aşıladı.

Verdiği her şey, bugünün Türk'ünde yaşama gücü olarak sürmektedir.

(Yeni Dergi 3, Aralık 1964)
İngiliz Yazarı Lord Kinross

Devlet şefiniz gibi insanlığın en yüksek mertebesine erişmiş büyük bir dahi bir ülke için ilerlemenin ancak, o ülke kadınlarının genel seviyeye yükselme-leriyle gerçekleşeceğini anlamış ve kadın davasını çok kolaylaştırmıştır.

Size Atatürkçe kazandırılan haklar ve sizin özgürlüğünüz, bütün dünya ka-dınları için çok güven verici ve onların mücadelesinde onlara yardımcı bir kuv-vet olacaktır.

(Cumhuriyet, 10 Nisan 1935)
Uluslararası Kadın Birliği Genel Yazmanı Miss Katherin Bonifas

Türkiye'de kadınlara erkeklerle eşit haklar verildiği zaman Avrupa'da Tür-kiye'yi tanımayanlar, Türk kadınının henüz buna hazırlanmamış olduğunu söy-lediler. Fakat Atatürk: "Özgürlüğü denemek için önce özgürlüğü vermek gerek-lidir" demişti.

Bu, bir büyük adam sözüdür. Bu söz bizde söylenmemişti.

(Cumhuriyet, 24 Nisan 1953)
Uluslararası Kadınlar Birliği İngiliz Delegesi Miss Picton Turbenwill

Atatürk, bugün bir millî kahramanın da ötesindedir. O, bugünkü dünya tari-hinin de önde gelenlerindendi. Çünkü Atatürk öncüydü. 1920'den sonra, Ata-türk'ün Türk ulusu ile başardıkları, diğer ülkelerin uluslarına yardımcı olmak is-teyen liderleri tarafından örnek alınmıştır.

Atatürk hizmet ettiği ve öncülük yaptığı ulusun hayatında, hâlâ yaşamakta-dır.

(Türk-İş Dergisi 9, Kasım 1963)
İngiliz Tarihçisi Prof.Arnold Toynbee

Atatürk barışı içtenlikle istiyor. Geçmişteki savaşların, ülkesine sayısız za-rarlar getirdiğini bildiği için, barış konusunda da en duygulu ve anlayışlı biricik kudretli önder görünmektedir (1936).

(Yabancı Gözüyle Cumhuriyet Türkiyesi, 1938, S. 24)
Amerika Felsefe Doktoru Hester Donaldson Jenkins

Metin İncelemeleri

6 Anıtkabirde

1. Atatürk hangi yıllar arasında yaşadı?
2. Öğrenciler Anıtkabir'i niçin ziyaret etmek istiyorlar?
3. Atatürk niçin çok seviliyor?
4. Devlet büyükleri ve yabancı diplomatlar Atatürk'ün Mozolesine niçin gelirler?
5. Anıtkabir Müzesinde neler var?
6. Öğrenciler Anıtkabir Müzesine niçin giremiyorlar?
7. Erksin Hanım, Anıtkabir'de niçin uzun süre kalamıyor?
8. Anıtkabir'i siz de gördünüz mü?

6A Atatürk'ün Özellikleri

1. Atatürk nasıl bir insandır?
2. Atatürk niçin dünya barışına önem vermektedir?
3. Anadolu topraklarında ilk kez hangi dönemde savaş olmamıştır?
4. Atatürk, kadın hakları konusunda neler yapmıştır?
5. Türkiye dışındaki ülkelerde çocuk bayramı var mıdır?
6. Türkiye'de bir erkek, birden fazla kadınla evlenebilir mi?
7. Atatürk evlenmiş midir?
8. Atatürk Türkiye Cumhuriyetinin devamı için neler yapmıştır?
9. Sizce Atatürk'ün en güzel sözü hangisidir?
10. Atatürk, Türkiye dışındaki ülkelerde nasıl tanınmıştır?

6B Atatürk İçin Ne Diyorlar?

1. Atatürk Sir Perey Loraine tarafından nasıl tanımlanmaktadır?
2. Claude Ferrer'e göre Atatürk ne zaman ortaya çıkmıştır?
3. Atatürk, Doğulu uluslara hangi yönlerden örnek olmuştur?
4. Lord Kinross'a göre Atatürk Türkiye'ye neler kazandırmıştır?
5. Türk kadın hakları, dünyadaki öteki ülkelerin kadın haklarına göre ne durumdadır?
6. Atatürk'ü ölümsüz kılan nedir?

Tartışma ve Yazma Konusu

1. *"Hayatta en hakiki mürşit ilimdir"* sözü ile pozitivizm arasında ne gibi bir ilişki vardır?
2. *Atatürk kadın haklarına niçin büyük bir önem vermiştir?*

ÇALIŞAN KADINLAR

Kadının asıl görevi nedir? Evde oturup yemek yapmak, çamaşır, bulaşık yıkayıp çocuk büyütmek mi, yoksa erkekler gibi her türlü işte çalışmak mı? Eskiden Türkiye'de kadınlar genellikle ev işlerine bakar ve çocuk büyütürlerdi. Cumhuriyet döneminden sonra kadınlar da erkekler gibi her türlü işte çalışmaya başladı. Özellikle son yıllarda kadınlar iş hayatında oldukça aktif hale geldiler. Artık banka, mağaza, okul, büro gibi yerlerde çalışanların çoğunluğunu kadınlar oluşturuyor. Bu durum ise kadınlar için pek çok sorun yaratıyor. Çünkü kadınlar gündüz işte çalışıyor, akşam eve gelince de kendisini bekleyen bir yığın başka işlerle karşılaşıyor. Hele bir de evde küçük çocuk varsa, kadının durumu çok daha fazla zorlaşıyor. Bazı anlayışlı erkekler evde eşlerine yardımcı olmak istiyorlar. Ama yine de yükün büyük kısmını kadınlar taşıyorlar.

Erksin Hanım da bu güçlükleri göğüsleyen kadınlardan sadece birisi. Hem fakültede çalışıyor, hem de ev işlerini yürütüyor. İki çocukları var: Birisi kız, öbürü oğlan. Kızın adı Bahar, oğlanın adı Kerem. Cengiz Bey sabahları Kerem'i ilkokula, Erksin Hanımı fakülteye, Bahar'ı da kreşe bırakarak işe gidiyor.

Yine böyle tamamen normal başlayan bir gündü. Ama Erksin Hanım diğer günlere göre biraz daha heyecanlı ve sinirliydi. Heyecanlıydı, Kerem bugün karnesini alacaktı. Sinirliydi, bir hafta sonra doçentlik sınavına girecekti. Ama henüz istediği gibi oturup çalışamamıştı.

Dışarıda hafiften bir yağmur yağıyordu. Erksin Hanım Kerem'in okul durumunu merak ediyordu. Cengiz Beyi beklemedi. Fakülteden bir fırsatını bulup ayrılarak Kerem'in okuluna gitti. Kerem'in yüzü gülüyordu. Erksin Hanım onu neşeli görünce rahatladı.

Demek ki zayıfı yoktu. Kerem annesine sevinçle karnesini uzattı. Erksin Hanım bir solukta notlara baktı. Sevindi. Kerem'in bütün notları iyiydi. Anne, oğul okuldan çıktılar. Yağmur halen devam ediyordu. Kerem arabaya bininceye kadar annesinin şemsiyesinin altına girdi.

Akşam Cengiz Bey Erksin Hanımı almak için fakülteye geldiğinde mutlu habere çok sevindi. Kerem'i kucaklayarak öptü, tebrik etti. Kerem sınıfını geçerse, ona bir bisiklet alacağına söz vermişti. Kerem babasına sözünü hatırlattı. Cengiz Bey de sözünü tutacağını ve ona beğendiği en güzel bisikleti alacağını söyledi. Kerem babasının boynuna sarılarak teşekkür etti. Erksin Hanım yanına bir kaç kitap aldı. Cengiz Beye:

–Haydi gidelim, dedi.

Cengiz Bey sordu:

–O kitapları ne yapacaksın?

-Akşam evde okuyacağım.

–Bu akşam okuyabileceğini pek sanmıyorum.

–Niçin?

–Misafirlerimiz var.

–Misafirler kim?

–Antalya'dan dayımlar geliyor. Öğle vakti telefon ettiler. Akşama bizde olacaklar. Biraz alışveriş yapalım. Yemek için lazım olur.

–Dünyada yemek yapamam.

–Neden?

–Çünkü zamanım yok. Bu saatten sonra ne pişirebilirim. Dayınların çocukları da geliyor mu?

–Sormadım. Herhalde gelirler.

–Gördün mü, dayın, yengen, üç de çocukları var, beş kişi. Dört kişi de biz varız; etti dokuz kişi. Bu kadar adama ben nasıl yemek yetiştireyim.

–Canım kızma, dışarıda bir şeyler yeriz ya da hazır bir şeyler alır, eve birlikte götürürüz.

–İnsan, hiç haber vermeden gelir mi?

–Keyif için gelmiyorlar. Dayım aniden rahatsızlanmış. Yarın hastaneye götürüp muayene ettireceğim. Eğer hastanede yatması gerekirse, yengem de ona refakat edecek. Çocukları bırakacak bir yer bulamazlarsa, onları da birlikte getirebilirler. Ama emin değilim.

–Biliyorsun, önümüzdeki hafta doçentlik sınavım var. Benim bu kitapları mutlaka okumam gerek.

–Biliyorum, haklısın. Ama ben de "Erksin'in doçentlik sınavı var. Sakın bize gelmeyin" diyemezdim ya! Hem burada böyle tartışmayalım. Arabaya binelim, yolda konuşmaya devam ederiz.. Bahar kreşte bizi bekliyordur.

–Biz kadınlar hep eziliyoruz. Çocuk yetiştir, yemek yap, ev temizle, çamaşır yıka, bunlar yetmiyormuş gibi bir de misafir ağırla.

–Senin bugün sinirlerin gergin, hiç böyle konuşmazdın. Akşam yemeğe lokantaya gideriz. Yemekten sonra ben dayımlarla ilgilenirim. Sen de onlardan izin ister, biraz çalışırsın.

–Kusura bakma, bir an çok sinirlendim. Sınav heyecanı olsa gerek. Kerem'in sevincini de yarıda bıraktık. Bu akşam çalışmam. Durumu dayınlara anlatır yarından sonra sıkı bir çalışmaya girerim.

KREŞTE

İclâl Hanım : Bu küçük delikanlı da mı kreşe geliyor!

Erksin Hanım : Evet, ama sadece kardeşini almak için. O, kreş faslını çoktan kapattı. Şimdi ilkokula gidiyor.

İclâl Hanım : Aman ne iyi. Siz bir tanesini aradan çıkarmışsınız. Kaç çocuğunuz var?

Erksin Hanım : İki. Ya sizin?

İclâl Hanım : Bir.

Erksin Hanım : Çok az değil mi?

İclâl Hanım : Aman, Allah göstermesin! Bir tanesiyle zor başa çıkıyorum. İkincisine hiç katlanamam. Akşama kadar iş, akşamları da yemek, bulaşık, temizlik ve çocuk bakımı... Dayanılacak gibi değil.

Erksin Hanım : Ne işle uğraşıyorsunuz?

İclâl Hanım : Bankada çalışıyorum. Akşama kadar hesap kitap... En ufak bir hatada başınız yanar. Ya sizin işiniz?

Erksin Hanım : Ben üniversitede çalışıyorum. Önümüzdeki hafta doçentlik sınavım var. Çocukların derdinden kendime zaman ayırıp ders çalışamıyorum. Üstelik bu akşam da kocamın Antalya'dan misafirleri varmış.

Kerem : Anne gitmiyor muyuz? Ben sıkıldım.

Erksin Hanım : Bir dakika bekle! İnsana iki çift laf da ettirmiyorsun! Bak Bahar'ın hiç sesi çıkıyor mu!

Bahar : Anne gidelim!

İclâl Hanım : Ben sizi bekletmeyeyim.

Ayşe Hanım : Çocuklar böyledir. Hep kendi dedikleri olsun isterler.

Nazan Hanım : Çalışan kadınların işi zor.

Erksin Hanım	:	Aman benim bugün bütün sinirlerim gergin. Biraz dertleşeyim istedim. Çocuklar bana onu da çok gördüler.
İclâl Hanım	:	Başka zaman yine buluşur, konuşuruz.
Erksin Hanım	:	Ne zaman, siz akşama kadar bankada, ben fakültede, geceleri ise malûm... Üç beş dakika ayak sohbetine de izin vermiyorlar.
Ayşe Hanım	:	Bence kadının görevi evde çocuk bakmak olmalı. Dünyada hiçbir kreş, anne sevgisinin verdiği sevgiyi veremez. Zavallı çocuklar karda kışta erkenden kalkıp kreşe geliyor. Doğru dürüst bir uyku bile uyuyamıyorlar.
İclâl Hanım	:	Ya ekonomik güçlükler! Tek maaşla geçim mi kaldı! Biz karı koca çalışıyoruz, güç bela ancak geçinebiliyoruz.
Nazan Hanım	:	Doğru, biz de karı koca çalışıyoruz. Maaşın biri ev kirasına gidiyor. Öbürüyle de güç bela geçiniyoruz.
Erksin Hanım	:	Benim kazancımın çoğu kreş ve arabanın benzin masraflarına gidiyor. Evde oturup çocuklara baksaydım, bu masraflar olmazdı.
Ayşe Hanım	:	Bütün dünyada işsizlik büyük boyutlara ulaştı. Kadınlar iş hayatına girmese, yalnız erkekler çalışsa işsizlik bu boyuta ulaşamazdı. Biliyorsunuz, Birinci ve İkinci Dünya Savaşlarının temelinde işsizlik ve ekonomik sorunlar yatıyor.
İclâl Hanım	:	Yani çalışan kadınları savaşa sebep olmakla suçluyorsunuz.
Ayşe Hanım	:	Yok canım!
İclâl Hanım	:	Öyle, öyle!.. Kadınlar çalışmazsa işsizlik ortadan kalkacak, işsizlik ortadan kalkınca da ekonomik sorunlar olmayacak ve insanlar savaşmayacaklar. Savaşı ortadan kaldırmak için bu çok güzel bir formül. Bir de geçim sıkıntısını ortadan kaldırabilecek bir formül bulabilirsek, bu iş çok iyi olacak.
Erksin Hanım	:	Bence bu konu daha çok uzayacak. Akşama misafirlerim var. İzin verirseniz biz gidelim.
İclâl Hanım	:	Bizim Bey de beni merak eder. İyice lafa daldık. Şimdilik hoşçakalın.
Erksin Hanım	:	Hoşçakalın. Tekrar görüşmek üzere.

MÜJDE, DİŞİSİ DE GELİYOR!

Timur, Akşehirlilere bir fil verir! Bakacaklar, besleyecekler. Önce önemsenmez bu iş; altı üstü bir fil, beslemesi bakımı ne ki. Fakat sanıldığı gibi kolay olmaz. Bu fil doymak bilmez bir türlü. Üstelik bir dakika yerinde de durmaz. Halk bıkar usanır. Kara kara düşünmeye başlarlar. Sonunda Hoca'ya gelirler:

–Hocam şu filden nasıl kurtulacağız? Düş önümüze de gidip Timur'a derdimizi anlatalım.

Güç bir iş ama, Hoca çaresiz kabul eder. Hoca önde, halk arkada sarayın yoluna düşerler. Gelgelelim, bu Timur sert bir adam, ne olur ne olmaz, diye yolda herkes bir tarafa sıvışır. Tam sarayın kapısına varınca Hoca bir de dönüp arkasına bakar ki, kimseler yok! "Eh, der, şimdi görürsünüz siz!"

Kapıcılar haber verirler. Hoca, Timur'un karşısına çıkar:

–Size, halk adına teşekkür etmeye geldim, der. Şu fili ne iyi ettiniz de verdiniz bize. Verdiniz ya, buna bir de eş gerek.

Hoca sözünü bitirmeden Timur:

–Hoca o kolay der, hemen bir eş versinler.

Hoca saraydan çıkınca, kendisini merakla bekleyen halka seslenir:

–Müjde, müjde, dişisi de geliyor!

55

BAYRAMLAR

Erol	:	Baba, ver elini öpeyim!
Lütfi Bey	:	Niçin?
Erol	:	Bugün bayram ya!..
Lütfi Bey	:	Oğlum, bugün 19 Mayıs Gençlik ve Spor Bayramı. Bu bayramda el öpülmez.
Erdal	:	Neden öpülmez, her bayram öpüyoruz ya!
Lütfi Bey	:	Resmî bayramlarda el öpülmez. Sadece Ramazan ve Kurban Bayramlarında el öpülür.
Erdal	:	Ramazan ve Kurban bayramları resmî bayramlar değil mi?
Lütfi Bey	:	Hayır, onlar dinî bayramlar.
Berna Hanım	:	Canım, çocuklar resmî bayramı, dinî bayramı ne bilsinler; ver elini öpsünler! Elin aşınacak değil ya!.
Lütfi Bey	:	Ama el öptükten sonra bayram harçlığı, diye para isteyecekler.
Berna Hanım	:	Ne olacak! Çocuklara üç beş kuruş harçlık ver! Bayram günü harcasınlar!
Lütfi Bey	:	Peki, sen niçin vermiyorsun?

Berna Hanım	:	Benden istemediler, senden istediler. Benim elimi öpsünler, ben hemen veririm.
Erdal	:	Yaşa anne! Zaten bizi hep sen düşünürsün. Ver, elini öpeyim!
Lütfi Bey	:	Bak şimdi. Çocuklarla aramı açıyorsun. Doğruyu söylesene, resmî bayramlarda el öpülür mü?
Berna Hanım	:	Öpülmez, ben de biliyorum. Ama çocukların canı el öpmek istiyor. Niçin engel olalım! Gel, oğlum, öp annenin elini!
Lütfi Bey	:	Bugün 19 Mayıs Gençlik ve Spor Bayramı, resmî bir bayramdır. 23 Nisan Çocuk Bayramı, 29 Ekim Cumhuriyet Bayramı, resmî bayramlardır.
Berna Hanım	:	Resmî bayramlarda el öpülmez. Ama Ramazan ve Kurban Bayramları dinî bayramlardır, el öpülür.
Erdal	:	Bu bayramlardan hangisi daha önemli?
Lütfi Bey	:	Bilmem ki, çok zor bir soru. Bugün 19 Mayıs, Atatürk'ün Samsun'a çıkarak Kurtuluş Savaşına başladığı tarih. Bu bayram bildiğiniz gibi gençlere armağan edilmiş. 23 Nisan 1920'de Türkiye Büyük Millet Meclisi ilk toplantısını yapmış. "Çocuklar geleceğin idarecileridir" diye Atatürk bu bayramı da çocuklara armağan etmiş. 29 Ekim 1923'te Cumhuriyet kurulmuş. Bu tarih de Türkiye'nin demokratik düzene geçiş tarihi. Bu nedenle 29 Ekimlerde Cumhuriyet Bayramını kutluyoruz. 30 Ağustos 1922 Kurtuluş Savaşında düşmanın kesin yenilgiye uğratıldığı tarih. Bu tarihten sonra yurdumuz düşmanlardan temizlenmiş. 30 Ağustos Zafer Bayramı da bu nedenle konulmuş. Şimdi sen söyle bakalım, bu bayramlardan hangisi daha önemli?
Erdal	:	Bilmem ki, galiba hepsi de önemli.
Berna Hanım	:	Tarih dersiniz bittiyse, çocukları bayrama hazırlayalım. Gecikirsek tribünlerde yer bulamayız.
Lütfi Bey	:	Ne tarih dersi hanım, çocuklar soruyor, ben de cevap veriyorum!
Berna Hanım	:	Yine tartışmayalım. Haydi çocuklar! Çabuk hazırlanın, yoksa bayrama geç kalacağız!

8 A

RAMAZAN

Maria	:	Ben çok acıktım, bir şeyler yiyelim mi?
Handan Hanım	:	Teşekkür ederim. Ben yemeyeceğim.
Maria	:	Siz ne dersiniz? Vakit öğle oldu, yemek vakti geldi.
Aydanur Hanım	:	Teşekkür ederim. Ben de yemeyeceğim. Siz yiyebilirsiniz. İsterseniz, yakın lokantalardan birine kadar birlikte gidelim.
Maria	:	Hayır, olmaz. Biraz bekleyelim, siz acıkınca hep birlikte yeriz.
Handan Hanım	:	Bizi boşuna beklemeyin. Biz ancak akşam yeriz.
Maria	:	Neden, rejim mi yapıyorsunuz?
Handan Hanım	:	Bir bakıma öyle.
Maria	:	Nasıl bir bakıma öyle!
Aydanur Hanım	:	Biz, oruç tutuyoruz da...
Maria	:	Hay Allah, nasıl unuttum. Bugün ramazan. İnsanın kendisi oruç tutmazsa hiç düşünemiyor. Özür dilerim.
Handan Hanım	:	Özür dileyecek bir şey yok. Size yemekte eşlik edemeyeceğimiz için biz özür dileriz.
Maria	:	Bugün ben de sizinle oruç tutarım. Bir şey yemem.
Aydanur Hanım	:	Sizin orucunuz kabul olmaz.
Maria	:	Neden, oruç tutmak için mutlaka Müslüman mı olmak gerekir?
Aydanur Hanım	:	Hayır, onu demek istemedim. Müslümanlık bütün insanlığa açık bir dindir. Siz de oruç tutabilirsiniz. Yalnız oruç tutmadan önce sahura kalkmanız, oruç tutmaya niyet etmeniz gerekir.

Maria	:	Sahur nedir?
Handan Hanım	:	Henüz güneş doğmadan, ortalık hâlâ karanlık iken sahura kalkılır. Hafif bir şeyler yenerek oruç tutmaya niyet edilir. Akşam iftar saatine kadar da hiçbir şey yenmez.
Maria	:	Pekiyi bunun insana faydası ne?
Handan Hanım	:	Bilmiyorum, benim içimde manevi bir huzur var. Dinî görevimi yerine getirdiğim için mutluyum.
Aydanur Hanım	:	Aslında müslümanlıkta tavsiye edilen her şeyin bir faydası vardır. Oruç tutmanın da bence pek çok yararları var.
Maria	:	Nedir bunlar?

Aydanur Hanım	:	Sabahtan akşama kadar aç kalan bir kimse kendi iradesi ile bir şey yemediği için iradesi güçlenir. Aç kalmanın ne demek olduğunu anlar, yoksullara yardım eder. Biliyorsunuz, hastalıkların çoğu vücuttaki fazla yağdan, toksik maddelerden ileri gelir. Ramazan ayı boyunca oruç tutan bir kimsede vücuttaki bütün fazla yağlar erir, toksik maddeler de dışarı atılır.
Maria	:	Gördüğünüz gibi ben hiç de şişman biri değilim. Vücudumda hiç de fazla yağ yok.
Aydanur Hanım	:	Oruç tutmak demek sadece sabahtan akşama kadar aç kalmak demek değildir. Bir de işin manevî yönü var. Oruç tutan kimse yalandan, iftiradan, dedikodudan, kötü sözlerden, fitneden uzak kalmak zorundadır.

Maria	:	Bunu her insan, her zaman yapmak zorundadır.
Aydanur Hanım	:	İyi ya, oruç insanı bu gibi iyi şeylere alıştırır. İnsanın kendi kendini denetlemesini sağlar. Gayelord Hauser'in *Güzel ol, Dinç Yaşa* adlı kitabında okumuştum. Dört günlük ya da yedi günlük açlık kürleri var. Meselâ yedi günlük kürde sadece üzüm yiyecek, su içeceksiniz. Bu rejim insanı hem sağlıklı, hem de güzel yapıyor.
Maria	:	"Yani oruç insanı güzelleştirir mi" diyorsunuz?
Aydanur Hanım	:	Evet, ama sizin buna ihtiyacınız yok.
Maria	:	İltifatınız için çok teşekkürler. Olaya bu açıdan bakarsak Aydanur Hanımın da oruç tutmaya hiç ihtiyacı yok. Çünkü o da çok güzel.
Aydanur Hanım	:	Teşekkür ederim. Ben orucu güzellik için tutmuyorum.
Handan Hanım	:	Canım, zaten biz de öyle bir şey demedik. Sadece orucun yararlarından söz ederken güzellik konusuna da değindik.
Maria	:	Bir ay oruç tutacaksınız. Sonra Ramazan Bayramını kutlayacaksınız. Öyle değil mi?
Handan Hanım	:	Doğru, iyi bildiniz.
Maria	:	Ehh... Üç yıldan beri Türkiye'de kalıyorum. Artık, Türklerin birçok gelenek ve göreneklerini öğrendim.
Handan Hanım	:	Fitre ve zekâtı da biliyor musun?
Maria	:	Hayır, onlar ne?
Handan Hanım	:	Müslümanlar Ramazanın son günlerinde fakirlere para yardımında bulunurlar. Buna fitre denir. Zekât ise fitreden biraz farklıdır. Her müslüman, yıllık gelirinin kırkta birini fakirlere vermekle yükümlüdür.
Maria	:	Güzel bir sosyal adalet. Bunu herkes uyguluyor mu?
Handan Hanım	:	Uygulayan da var, uygulamayan da... Bu, bir inanç meselesi...
Maria	:	Kurban Bayramının amacı ne?
Handan Hanım	:	Yine sosyal adalet. Bu bayramda da kesilen kurbanın eti fakirlere dağıtılır.
Maria	:	Müslümanlar neden Hacca giderler?
Handan Hanım	:	Yeryüzündeki Müslümanlar Kabe'de bir araya gelirler. Böylece birbirlerini yakından tanıma fırsatı bulurlar.
Aydanur Hanım	:	Siz yemeğe gitmiyor musunuz?
Maria	:	Yalnız başıma hiç canım çekmiyor. Bu öğrendiklerim beni daha çok memnun ediyor. Sizleri daha iyi anlıyorum.

İLİM

İlim ilim bilmektir
İlim kendin bilmektir
Sen kendini bilmezsen
Ya nice okumaktır

Okumaktan mânâ ne
Kişi Hakk'ı bilmektir
Çün okudun bilmezsin
Ha bir kuru emektir

Okudum bildim deme
Çok tâat kıldım deme
Eri hak bilmez isen
Abes yere yelmektir

Dört kitabın mânâsı
Bellidir bir elifde
Sen elifi bilmezsin
Bu nice okumaktır

Yigirmi dokuz hece
Okusan ucdan uca
Sen elif dersin hoca
Mânâsı ne demektir

Yûnus Emre der hoca
Gerekse var bin hacca
Hepisinden eyice
Bir gönüle girmektir

Yunus EMRE

Metin İncelemeleri

8 Bayramlar

1. Resmî ve dinî bayramlar hangileridir?
2. Hangi bayramlarda el öpülür?
3. 19 Mayıs niçin bayram olarak kutlanmaktadır?
4. Hangi bayram çocuklara armağan edilmiştir? Niçin?
5. 30 Ağustos niçin bayram olarak kutlanmaktadır?
6. 29 Ekim 1923'te neler olmuştur?
7. Bayramlardan hangisi daha önemlidir?
8. Dinî bayramlar ile resmî bayramlar arasında ne gibi farklar vardır?

8A Ramazan

1. Handan Hanım niçin öğle yemeği yemiyor?
2. Oruç tutmak için neler yapmak gerekiyor?
3. Orucun ne gibi yararları vardır?
4. Güzellik kürleri nasıl yapılır?
5. Oruç ne kadar süreyle tutulur?
6. Ramazan ayı bitince ne yapılır?
7. Fitre ve zekât ne demektir?
8. Fitre ve zekât arasında ne fark vardır?
9. Kurban bayramında niçin kurban kesilir?
10. Müslümanlar niçin Hacca giderler?

ESKİCİ

Refik Halit KARAY

Vapur rıhtımdan kalkıp da Marmara'ya doğru uzaklaşmaya başlayınca yolcuyu geçirmeye gelenler, üzerlerinden ağır bir yük kalkmış gibi ferahladılar:

–Çocukcağız Arabistan'da rahat eder.

Dediler, hayırlı bir iş yaptıklarına herkesi inandırmış olanların uydurma neşesiyle, fakat gönülleri isli, evlerine döndüler.

Zaten babadan yetim kalan küçük Hasan, anası da ölünce uzak akrabaları ve konu komşunun yardımıyla halasının yanına, Filistin'in ücra bir kasabasına gönderiliyordu.

Hasan vapurda eğlendi, gırıl gırıl işleyen vinçlere, üstleri yazılı cankurtaran simitlerine, kurutulacak çamaşırlar gibi iplere asılı sandallara, vardiya değiştirilirken çalınan çana kampanaya bakarak çok eğlendi. Beş yaşında idi; peltek, şirin konuşmalarıyla da güverte yolcularını epeyce eğlendirmişti.

Fakat vapur, şuraya buraya uğrayıp bir sürü yolcu bıraktıktan sonra sıcak memleketlere yaklaşınca kendisini bir durgunluk aldı. Kalanlar bilmediği bir dilden konuşuyorlardı ve ona İstanbul'daki gibi:

–Hasan gel!

–Hasan git!

Demiyorlardı; ismi değişir gibi olmuştu. Hassen şekline girmişti:

–Taal hun yâ Hassen.

Diyorlardı, yanlarına gidiyordu.

–Ruh yâ Hassen...

Derlerse, uzaklaşıyordu.

Hayfa'ya çıktılar ve onu bir trene koydular.

Artık anadili büsbütün, işitilmez olmuştu. Hasan köşeye büzüldü; bir şeyler soran olsa da susuyordu, yanakları pençe pençe, al al olarak susuyordu. Portakal bahçelerine dalmış, göğsünde bir katılık, gırtlağında lokmasını yutamamış gibi bir sert düğüm, daima susuyordu.

Fakat hem baştan başa çiçek açmış, hem yemişlerle donanmış güzel, ıslak bahçeler de tükendi. Zeytinlikler de seyrekleşti.

Yamaçlarında keçiler otlayan kuru, yalçın, çatlak dağlar arasında geçiyorlardı. Bu keçiler kapkara, benzersiz kara idi; tüyleri yeni otomobil boyası gibi aynamsı bir cila ile, kızgın güneş altında, pırıl pırıl yanıyordu.

Bunlar da bitti; göz alabildiğine uzanan bir düzlüğe çıkmışlardı; ne ağaç vardı, ne dere, ne ev. Yalnız ara sıra kocaman kocaman hayvanlara rastgeliyorlardı! Çok uzun bacaklı, çok uzun boylu, sırtları kabarık, kambur hayvanlar trene bakmıyorlardı bile... Ağızlarında beyazımsı bir köpük çiğneyerek, dalgın ve küskün arka arkaya, ağır ağır, yumuşak yumuşak, iz bırakmadan ve toz çıkarmadan gidiyorlardı.

Çok sabretti, dayanamadı, yanındaki askere parmağıyla göstererek sordu; o güldü:

–Gamel! Gamel! dedi.

Hasan'ı istasyonda indirdiler. Gerdanından, alnından, kollarından ve kulaklarından biçim biçim, sürü sürü altınlar sallanan kara çarşaflı, kara çatık kaşlı, kara iri benli bir kadın göğsüne bastırdı. Anasınınkine benzemeyen, tuhaf kokulu, fazla yumuşak, içine gömülüveren cansız bir göğüs...

–Ya habibi! Ya ayni!

Halasının yanındaki kadınlar da sarıldılar, öptüler, söyleştiler, gülüştüler. Birçok çocuk da gelmişti; entarilerinin üstüne hırka yerine elbise ceket giymiş, saçları perçemli, başları takkeli çocuklar...

Hasan durgun, tıkanıktı; susuyor, susuyordu.

Öyle, haftalarca sustu.

Anlamaya başladığı Arapçayı, küçücük kafasında beliren bir inatla konuşmayarak sustu. Daha büyük bir tehlikeden korkarak deniz altında nefes almamaya çalışan bir adam gibi tıkandığını duyuyordu, gene susuyordu.

Hep sustu.

Şimdi onun da kuşaklı entarisi, ceketi, takkesi, kırmızı ayakkabıları vardı. Saçlarının ortası, el ayası kadar sıfır makine ile kesilmiş alnına perçemler uzatılmıştı. Deri gibi sert, yayvan tandır ekmeğine alışmıştı; yer sofrasında bunu hem kaşık, hem çatal yerine dürümleyerek kullanmayı beceriyordu.

Bir gün halası sokaktan bağırarak geçen bir satıcıyı çağırdı.

Evin avlusuna sırtında çuval kaplı bir yayvan torba, elinde bir ufacık iskemle ve uzun bir demir parçası, dağınık kıyafetli bir adam girdi. Torbasında da mukavva gibi bükülmüş bir tomar duruyordu.

Konuştular, sonra önüne bir sürü patlak, sökük, parça parça ayakkabı dizdiler.

Satıcı, iskemlesine oturdu. Hasan da merakla karşısına geçti. Bu dört yanı duvarlı, tek kat, basık ve toprak evde öyle canı sıkılıyordu ki... Şaşarak, eğlenerek seyrediyordu: Mukavvaya benzettiği kalın deriyi iki tarafı keskin incecik, sapsız bıçağıyla kesişine, ağzına bir avuç çivi dolduruşuna, sonra bunları birer birer, İstanbul'da gördüğü maymun gibi avurdundan çıkarıp ayakkabıların altına çabuk çabuk mıhlayışına, deri parçalarını, pis bir suya koyup ıslatışına, murdar çanaktaki macuna parmağını daldırıp tabanlara sürüşüne, hepsine bakıyordu. Susuyor ve bakıyordu.

Bir aralık nerede kimlerle olduğunu keyfinden unuttu, dalgınlığından anadiliyle sordu:

–Çiviler ağzına batmaz mı senin?

Eskici başını hayretle işinden kaldırdı. Uzun uzun Hasan'ın yüzüne baktı.

–Türk çocuğu musun be?

–İstanbul'dan geldim.

–Ben de o taraflardan... İzmit'ten.

Eskicide saç sakal dağınık, göğüs bağır açık, pantolonu dizlerinden yamalı, dişleri eksik ve suratı sarı, sapsarıydı; gözlerinin akına kadar sarıydı. Türkçe bildiği ve İstanbul taraflarından geldiği için Hasan, şimdi onun sade işine değil, yüzüne de dikkatle bakmıştı. Göğsünün ortasında, tıpkı çenesindeki sakalı andıran kırçıl, seyrek bir tutam kıl vardı.

Dişsizlikten peltek çıkan bir sesle tekrar sordu:

–Ne diye düştün bu cehennemin bucağına sen?

Hasan anladığı kadar anlattı.

Sonra Kanlıca'daki evlerini tarif etti; komşusunun oğlu Mahmut'la balık tuttuklarını, anası doktora giderken tünele bindiklerini, bir kere de kapıya beyaz boyalı hasta otomobili geldiğini, içinde yataklar serili olduğunu söyledi. Bir aralık da kendisi sordu:

–Sen niye buradasın?

–Bir kabahat işledik de kaçtık!

Asıl konuşan Hasan'dı, altı aydan beri susan Hasan... Durmadan, dinlenmeden, nefes almadan, yanakları sevincinden pembe pembe, dudakları taze, gevrek, billur sesiyle devamlı konuşuyordu. Aklına ne gelirse söylüyordu. Eskici hem çalışıyor, hem de ara sıra "Ha! Ya? Öyle mi?" gibi dinlediğini bildiren sözlerle onu söyletiyordu. Artık erişemeyeceği yurdunun bir deresini, bir rüzgârını, bir türküsünü dinliyormuş gibi hem zevkli, hem yaslı dinliyordu. Geçmiş günleri, kaybettiği yerleri düşünerek benliği sarsıla sarsıla dinliyordu.

Daha çok dinlemek için de elini ağır tutuyordu.

Fakat, nihayet bütün ayakkabılar tamir edilmiş, iş bitmişti. Demirini topraktan çekti, köselesini dürdü, çivi kutusunu kapadı, çiriş çanağını sarmaladı. Bunları hep aheste aheste yaptı.

Hasan yüreği burkularak sordu:

–Gidiyor musun?

–Gidiyorum ya, işimi tükettim.

O zaman gördü ki, küçük çocuk, memleketlisi minimini yavru ağlıyor... Sessizce, titreye titreye ağlıyor, yanaklarından gözyaşları birbiri arkasına, temi vagon pencerelerindeki yağmur damlaları dışarının rengini, geçilen manzaraları yerlerinden oynayarak, vuruşarak içlerinde güneşli mavi gök, pırıl pırıl akıyor.

–Ağlama be! Ağlama be!

Eskici başka söz bulamamıştı. Bunu işiten çocuk hıçkıra hıçkıra, katıla katıla ağlamaktadır; bir daha Türkçe konuşan adam bulamayacağına ağlamaktadır.

–Ağlama diyorum sana! Ağlama.

Bunları derken onun da katı, nasırlaşmış yüreği yumuşamış, şişmişti. Önüne geçmeye çalıştı ama yapamadı, kendisini tutamadı; gözlerinin dolduğunu ve sakallarından kayan yaşların, Arabistan sıcağıyla yanan kızgın göğsüne bir pınar sızıntısı kadar serin, ürpertici döküldüğünü duydu.

9 A

İSLÂMDA BİLİM VE TEKNOLOJİNİN DEĞERİ

Mehmet Bayrakdar

Bilim ve onun tatbikatı olan teknoloji, daima İslâm'da çok değer verilen ve teşvik edilen bir şeydir. Bunun böyle olduğunu anlatmak için, sadece hiç bir Müslüman bilim adamının, bizzat bir keşif veya bilimsel teorisinden dolayı, Hıristiyanlıkta veya başka dinlerde olduğu gibi, ateşe atılarak veya işkence ile öldürülmediğini hatırlatmak yeter.

İslâmda bilim ve teknolojinin değeri kısaca şu noktalarda izah edilebilir :

Bilim ve teknoloji İslâma göre eşyanın gerçeğini ortaya koymaya, eşyayı anlamaya yardım eder. Ancak bilim adamının gözlemlerinde ve ilminde objektif olmasının gerekliliği savunulmuştur. Elde edeceği neticeyi, daha önce sahip olduğu ön yargıyla veya ideolojisiyle karıştırmaması ve bilimsel veriyi o doğrultuda tefsîr etmemesi istenmiştir.

Bilim ve teknolojinin faydacılık değerine, gerek Kur'ân'da ve gerekse Peygamberimizin hadîslerinde çokça işaret edilmiştir. Yer ve göklerin insan için yaratıldığını, onlarda insanın rızkını araması tavsiye edilmekte; aynı şekilde birçok varlığın da insana faydalı olabileceği açık olarak belirtilmektedir. Alim, ilminde daima insanlığa fayda gözetmelidir. Bunun en açık delili *"Faydasız ilimden Allah'a sığınırım"* hadîsi olduğu kadar, ilmiyle amel etmeyen ve ilmi faydasız kılan âlimin, sırtında yük taşıyan eşeğe benzetildiği âyet de açık bir delildir.

İslâm'a göre bilim ve teknolojinin en son gayesi, insanı Allah'ın varlığına götürmesidir. Tarafsız, şartlanmamış bir bilim adamı, ilmiyle Allah'ın varlığını ve birliğini sezebileceğine bir çok hadîs ve âyetlerde dolaylı ya da doğrudan işaret edilmiştir.

Kur'ân'ın birçok âyetinde, kâinattaki varlıkların hepsi Allah'ın birer "âyeti" ve "işareti" olduğu belirtilmekte, bunları gören, onlardaki sırrı açıklayan bilim adamının Allah'ın varlığını sezebileceği, O'na yakın olabileceği belirtilmektedir. Gerçek bilim adamı onların yapısındaki ince sanat ve sır karşısında kendi güçsüzlük ve zaafiyetini anlar; Allah'a daha çok yaklaşır. Kur'ân'da: *"Allah'tan en çok korkanlar, gerçek âlimlerdir."* denmesi de bunun içindir.

Diğer taraftan Allah, bizzat birçok âyette insanların ilimsiz bir şekilde kendi varlığı ve birliği hakkında konuşmalarını men eder. *"Bilgisiz, rehbersiz ve aydınlatıcı kitabsız, Allah hakkında tartışanlar vardır."* (Hacc, âyet: 8)

Demek ki, gerek Allah'ı bilmede, gerekse O'nun hakkındaki konuşma ve insanları İslâm'a davette ilim şarttır ve Kur'ân'a göre ilim, sadece dinî hükümleri değil, her türlü tabiat ve insan bilimlerini de içine alır.

Atalarımız tarihte daima insanın maddî ve mânevî yönü için faydalı olacak bir bilim sistemi ve ahlâkı ortaya atmışlar, neticesinden de hiçbir kimse bilimden zarar görmemiştir. Bilimi ahlâk içinde ele almışlardır. Atom'un ateş olduğunu, onun yapısını bilmişler, fakat onu insanlığın yeryüzünde cehennemi olacak şekilde ortaya koymak şöyle dursun, onunla Allah'ın varlığını, birliğini isbata çalışmışlardır. Meselâ, Mevlâna (öl. 1273) yüzyıllarca önce atomun yapısını ve parçalara bölünebileceğini sembolik bir şekilde ortaya atmıştır: "Eğer bir atomu kesersen, ortasında bir güneş ve onun etrafında durmadan dönen gezegenler görürsün." Yine başka bir Türk düşünür ve mutasavvıfı Dâvûd ül-Kayserî (öl. 1350), atomun ve tabiatın aslının enerji olduğunu söylemiştir. Onlar, ne bu görüşleriyle insanları kuşkulandırmak, ne de devirlerinde enerji sorunu olmadığı için, atomun parçalanmasını arzu etmişlerdir; o devir için gayeleri, sadece madde ve kâinatın yapısıyla ilgili bir gerçeği ortaya koymak olmuştur.

Gayemiz bilim yarışında önderliği ele almak olmalı, fakat onu kötü ideolojilerin silahı ve aracı olarak kullanmak olmamalıdır.

ONLAR

Onlar, Gök-Hun'lardan bugüne kadar
Bütün zaferlerin müjdecileri...
Serhat boylarında bin yıldan beri
Yerleri gökleri tutan bayraktır.

Onlar Köroğlu'nda, Dadaloğlu'nda
Meydanları gümbür gümbür dolduran nâra
Yunus'ta Dertli Dolap, Emrah'ta kara sevda
Ve Dedem Korkut'ta "Kanlu akan ırmak"tır.

Onların şimdi uzak, yaban dağ köylerinde
Ne bir karış toprağı, ne tutacak bir dalı
Mintanları, kasketleri yıktık yamalı
Ayakları çıplaktır

Önce yakar, kavurur ağustos güneşleri
Ecel gibi eser sonra üstlerine kara yel
Ne yüzleri yüzdür, ne elleri el...
Ne ayakları ayaktır.

Evim gibi bildiğim kerpiçten evlerinin
Ne içinde ışığı, ne önünde suyu var
Varları - yokları: kara gözlü çocuklar
Birkaç davar, birkaç kilim, birkaç yataktır.

"Gel" deyince geldiler, "ver" deyince verdiler
"Öl" deyince öldüler Yemen'de bile...
Yürekleri öyle sıcak esmer yüzleri
Öylesine yumuşaktır.

Ne isyan, ne ihanet düne-bugüne...
Kubbelerden huzur, minarelerden sabır
Duyarak yaşadılar böyle kaç asır
Onların alnı açık, yüzleri aktır...

Onlar bize bazan ruhumuz kadar yakın
Bazan da Kaf Dağı kadar uzaktır.

Yavuz Bülent BAKİLER

Metin İncelemeleri

9 Eskici

1. Hasan niçin Filistin'e yollanıyor?
2. Hasan'ın yolculuk sırasında duyguları nasıl değişiyor?
3. Hasan nerede vapurdan inip trene biniyor?
4. Hasan'ın tren yolculuğu nasıl geçiyor?
5. Hasan'ı istasyonda kimler karşılıyor?
6. Hasan, haftalarca niçin hiç konuşmayıp susuyor?
7. Hasan'ın halası satıcıyı niçin eve çağırıyor?
8. Hasan satıcıyı niçin seviyor?
9. Hasan, satıcının gitmesine neden üzülüyor?
10. Anadilin önemi ve yaşantımız üzerindeki etkileri nelerdir?

9A İslâmda Bilim ve Teknolojinin Değeri

1. İslâmda bilim ve teknolojiye önem verildiği nereden anlaşılmaktadır?
2. İslâma göre bilim ve teknoloji neyi anlamamıza yardım eder?
3. İslâma göre bilimin amacı ne olmalıdır?
4. Kur'ân'da bilim hakkında neler söylenmektedir?
5. Mevlâna, atomun yapısı ve tanımı konusunda neler söylemiştir?
6. Dâvûd ül - Kayserî'ye göre atomun ve tabiatın aslı nedir? Sizce bu görüş doğru mudur?
7. Bilim, niçin kötüye kullanılmamaktadır?

9B Müjde Dişisi de Geliyor!

1. Timur, Akşehirlilere niçin bir fil verir?
2. Köylüler file niçin bakmak istemez?
3. Hoca ve köylüler niçin Timur'a giderler?
4. Köylüler, hocayı niçin yalnız bırakırlar?
5. Hoca, Timur'dan niçin bir fil daha ister?

Tartışma ve Yazma Konusu

1. *Anadilinin önemi ve insan yaşantısı üzerindeki etkileri nelerdir?*
2. *Bilim ve teknolojinin, insanların kötülüğü için kullanılmasına engel olunabilir mi?*

EŞ SEÇİMİ

Deniz : Uçağın kalkmasına ne kadar var?

Bülent : Yarım saat.

Deniz : Beklemeyi hiç sevmem.

Bülent : Yarım saat çok sayılmaz. Biraz erken gelmemiz iyi oldu.

Deniz : Antalya'da ne kadar kalacağız?

Bülent : Ne kadar istersen. Ben bir ay, yıllık iznimden aldım. İyi bir tatil yapmak istiyorum. Antalya'da biraz kalırız. Sıkılırsan Kaş, Fethiye gibi başka yerlere de gideriz.

Deniz : Ben de çok yorgunum. Fakülte bitti. Ama beni de bitirdi.

Bülent : Fakülte bitti, artık sıra evlenmekte.

Deniz : Evlilik mi! Evlilik çok zor.

Bülent : Neden?

Deniz : Evlenip de mutlu olan o kadar az insan var ki... Bir dergide okudum. Yapılan istatistiklere göre evlenip de mutlu olanların sayısı yüzde birmiş.

Bülent : Yüzde bir mi! Bu rakam çok az.

Deniz : Bu rakam, evliliğin birinci yılında yüzde ikiymiş, evliliğin ikinci yılından sonra yüzde bire düşüyormuş.

Bülent : Çok kötü. Tam ben de evlenmeye karar vermiştim. Bu rakamlar moralimi bozdu.

Deniz : Benim de öyle. Dergi, yanlış yazıyordur, diye düşündüm. Çevremde araştırdım. Gerçekten mutlu olan evli çiftlere pek rastlamadım. Sen rastladın mı?

Bülent : Bilmem hiç düşünmedim.

Deniz : Boşanmalar da birçok ülkelerde yüzde yetmişe kadar yükselmiş. İlkel toplumlarda boşanma oranı daha azmış.

Bülent : İlkel toplumlarda boşanma oranı neden daha az olsun?

Deniz : İlkel toplumlarda, örneğin Kızılderililerde kadın her şeye katlanıyor. Boşanmayı düşünmüyor, modern toplumlarda erkekle kadın birbirine eşit. Çalışan bir kadının kendine ait bir geliri ve toplumsal bazı hakları var. Bu nedenle erkeğe kafa tutabiliyor. Ama ilkel toplumlarda kadının ayrı bir işi ve geliri yok. Erkeğin eline bakıyor. Evden ayrılırsa geçimini sağlaması çok zor veya imkânsız. Bu nedenle de evliliğin bütün zorluklarına katlanıyor. Ayrılmayı düşünmüyor.

Bülent : Sen bu konuları bayağı düşünüp, araştırmışsın.

Deniz : Nasıl düşünüp araştırmam. Çevremde herkes evlendi. Yakında sen de evleneceksin. Ben fakülteyi bitirdim, halen kendime uygun bir eş bulamadım.

Bülent : Sen her şeyi ince eleyip sık dokuyorsun. Böyle davranmaya devam edersen evlenemezsin. Atalarımız ne demiş. "Soğanını, sarmısağını hesap eden çorbayı içemez." Kusursuz insan olmaz. Seni isteyen adaylar arasında en iyi bulduğun birini seçersin olur, biter. Ben Zülal'le evlenmeye karar verdim. Zülal'in hiç mi kusuru yok? Ama iyi yanları daha çok. Üstelik bizim de mutlaka pek çok kusurumuz var. Bizimle evlenmek isteyenler de bizim kusurlarımıza katlanmak zorundalar. Ne demişler, "Kusursuz dost arayan, dostsuz kalır."

Deniz : Haklısın. Fazla ince eleyip sık dokumanın anlamı yok. Ama bu biraz da yaradılış meselesi. Duydun mu? Esen Hanımla Mehmet Bey de evlenmişler.

Bülent : Evet duydum, geçenlerde Erksin Hanım söyledi. Ankara Üniversitesinin kuruluşunun ellinci yılı dolayısıyla bir kutlama gecesi yapılacakmış. Seni, beni ve Zülal'i bu geceye davet ettiler. Gecede yemek ve dans da varmış. İstersen dönüşte birlikte gideriz.

Deniz : İyi olur, Esen Hanımla Mehmet Beyi de görmüş oluruz. Kutlama gecesi hangi tarihte?

Bülent : 18 Eylülde. Bugün 3 Ağustos, tatilde bir ay kalacağız. Dönüş tarihimizden on beş gün sonraya denk geliyor.

Deniz : Bence uygun.

Bülent : Bence de uygun. Yürü gidelim. Konuşmaya daldık. Uçağın hareket saati geldi. Hiç fark etmedik.

DİRİLMEYİ BEKLEYENLER

Özcan ERCAN

Doğum, yaşam ve ölüm... Doğanın değişmez yasası, evet; ama hiç mi isyan etmemiş insanoğlu ölüme, yaşlanmaya? Hiç mi peşine düşmemiş ölümsüzlüğün? En azından ölüme giden yolu uzatmak adına hiç mi çaba sarfetmemiş, ya da araştırmamış? Tabii ki araştırmış, hem de tarih boyunca.

İsa'dan önceki yıllara uzanın... Çin ve Hint kültürlerine... Yaşlanmayı, bedende denge bozukluğu olarak gören ve gençliğe geri dönüşü sağlamak için uğraş veren düşünürleri anımsayın... Hipokrat'tan Çiçero'ya bilimsel olmasa da, yaşlılığın sunduğu karanlık tüneli aşma özlemleri içeren yazılara göz atın...

Ya Benjamin Franklin... ABD'nin 16. Başkanı daha da ileri gitmiş, 19'uncu yüzyılda, insanların günün birinde 1000 yaşına kadar yaşama imkanına kavuşacaklarını dile getirmişti. Nasıl bir özlem içerisindeydi Benjamin Franklin acaba? Neyi hayal ediyordu? Her yüz senede bir dünyaya geri gelmek, gidişatı, gelişmeleri görmek, çağ atlamalara bizzat tanık olmak... Benjamin Franklin'in yaşam boyu aklından çıkaramadığı, hayal ettiği şey buydu. Hayal mi kuruyordu, yoksa çok büyük mü düşünüyordu? Belki de bir fantezi! Çoğumuzun zaman zaman sarıldığı gerçek dışı fantezilerden biri...

İster inanın, ister inanmayın, günümüzün modern metodlarıyla yapılan "krayonik" yani "ölümü dondurma" araştırmaları Benjamin Franklin'in fantezilerinin bir gün gerçekleştirileceğine ilişkin çok olumlu sinyaller veriyor.

Peki nedir "Ölümü dondurma..."? Görünürde çok basit.. İnsanların hayatlarına bir an için ara verip, sıfır altı derecede muhafaza etmek ve ileri bir tarihte hastalıkların tedavi yolu bulunduğunda buzdan çözme teknolojisi...

Peki nasıl yapılıyor bu dondurulma işlemi? Zamanlaması nedir? Ölümden ne kadar sonra müdahale ediliyor? Ölmek şart mı?

Evet, ölmek şart. En azından şimdilik. İşlemin, dondurulmak isteyen kişinin klinik anlamda ve yasalara göre ölümünden 5 ila 20 dakika geçtikten sonra başlatılması şart. İlk adımda, kana pıhtılaşmayı önleyen maddeler verilip pompalama yoluyla kan dolaşımı devam ettiriliyor. Dolaşım devam ederken diğer yandan kana bolca oksijen veriliyor. Bu işlemler sürerken bedenin ısısı da düşürülmeye başlanıyor. Yavaş yavaş. Beden önce buz, sonra da kuru buz, yani donmuş karbondioksit gazına yatırılıyor. Neden mi? Bedenin dışı soğutulurken, iç organların da aynı anda soğutulmasını sağlamak için. Donmadan önce pompalanan kan beden dışında soğutulup tekrar geri veriliyor. "Ölüm" artık donmaya başladı. Kuru buzda ısısı -80 dereceye ulaşan beden, sıvı nitrojen içinde -196 dereceye kadar soğuyor. Artık işlem tamam. Beden 100 ya da bin yıl saklanılmak üzere metal bir boruya konuyor ve bekleme süreci başlıyor...

Neden -196 derece? Çünkü bütün bilim adamlarının hemfikir olduğu tek nokta bu. -196 derecedeki sıvı nitrojen "ısısında" moleküller çok yavaş hareket ettiğinden bozulma ve çürüme kesinlikle söz konusu olmuyor. Normal oda sıcaklığında bir saniyede oluşacak çürüme bu düşük ısıda 30 trilyon senede oluşuyor. Tabii bunlar bilim adamlarının açıklamaları... Ne derece gerçek olduğunu zaman gösterecek.

Hiç mi zararı yok bu dondurma işleminin vücuda? Madem ki yeniden canlanacak, organlar hiç mi tahrip olmuyor?

Dondurma yöntemini uygulayanların zorlandığı konu da bu. Ne yazık ki henüz bilim adamları dondurma işleminin bedene ne kadar zarar verdiğini kesin olarak bilmiyorlar. Bu sorunun yanıtını bulabilmek için buza yatan insanların çözülme noktasına ulaşmaları gerek. Yine de bildikleri bir şey var. -20 derecede hücrelerin içindeki su ve diğer sıvılar donarak sivri, bıçak gibi buz kristalleri oluşturuyor. Ve bu kristaller aynen sivri uçlu bir bıçak gibi dokulara ve hücrelere zarar veriyor. Salt bu nedenle, bu kristalleşmeyi mümkün olduğunca asgariye indirmek amacıyla, kana pompalanma yapılırken buzlanmayı önleyici maddeler katılıyor. Ama yine de krayonik, yani dondurma teknolojisi henüz tamamen gelişmiş değil. Bugünün teknolojisi ile dondurulan insanları metal kaplardan çıkarıp yeniden yaşama döndürmek, şu an için olası değil. Bugün buzda uyuyan 42 kişi, ancak yakın geleceğin gelişecek teknolojisiyle yaşama döndürülecekler.

Amerikan Krayonik Vakfı Başkanı Dr. Avi Ben Abraham'a göre pek de uzak bir tarihte değil. İnançla iddia ediyor ki, 2000 yılına varmadan birkaç kişinin buzunu çözerek yaşama geri çağıracak...

Belki teknoloji hızla gelişecek, belki Dr. Avi Ben Abraham çok yakın bir gelecekte buzda uyuyan insanların buzdan hasar görmeden çözülmelerini sağlayacak... Bütün bunlar tamam... Ama buzda uyuyanlar ölü. Ölüler nasıl diriltilecek?.. Diriltilmedikten sora buza yatmanın ne anlamı var?.. Bu sorulara uzmanlar müstehzi gülümsemelerle açıklama getiriyorlar ve bize diyorlar ki: "Ölüm son değil... Nasıl mı? İşte... Yasalara göre kalp atışı ve beyin dalgaları durduğu an kişi ölü sayılıyor. Genelde ölüm son kabul ediliyorsa da bu inanış pek gerçekçi değil. Kalp fizyolojisi ve yeniden yaşatma uzmanlarına göre ölüm, bir anda değil, yavaş yavaş oluşur. Ön yargısız düşünürsek kişinin kalp atışı ve nefes alışı durduktan sonra bedendeki hücreler, dokular ve organların daha canlı olduklarını anlarız. Kanıt mı istiyorsunuz? Transplantasyon, yani organ nakli için gerekli organlar, ölümden sonra bedenden çıkarılıp başka bedenlere takılmıyor mu? Günümüzde insanlar öldükten beş ile yirmibeş dakika sonrasına kadar elektrik şoku ile yeniden yaşama dönüş yapmıyorlar mı? Su altında yirmiiki dakika kaldıktan sonra yaşatılabilen insan örnekleri var. Klinik ölümden birkaç saat sonra da canlanan insanlar var... Canlandırma bilimi geliştikçe, bu sürelerin yüzyıllara varacağı da şüphesiz.

Asıl son ne zaman geliyor, biliyor musunuz? Ölü bir insanın oda sıcaklığında bırakılıp hücrelerinin çürümesiyle. Ölü bedenin mezara gömülmesi de bu çürüme işinin hızını artırıyor. İşte krayonik, yani dondurma burada devreye giriyor ve bozulma ile çürümeyi önlüyor. Bedeni ve beyni koruyor.

Önemli olan, en ileri teknolojide dondurmayı ve çözülmeyi başarabilmek. Umut verici gelişmeler de yok değil... Çok yeni bir buluş... "Vitrifikasyon" - "camlaştırma"- bu sorunu çözecek gibi. Çok çabuk donabildiği gibi, cam gibi de sertleşiyor, olumlu olan bu camlaşma, böbreklere zarar vermiyor. Bu biliniyor, çünkü transplantasyon için kullanılan böbrekler bu yolla donduruluyor ve çözülen böbrekler vücuda uyum sağlayabiliyor. En azından, en son gözlemler bunlar. Aslında günümüzde kadın yumurtaları, spermler, dondurulup korunabildiği gibi, organlarımızın bir çoğu da buzda saklanabiliyor. Bu organlar, kornea-gözün saydam tabakası-, kan, ilik, deri, bağırsak, kandaki al ve akyuvarlar, diş ve böbrek dokuları. Bunların sıvı nitrojende dondurulup depolanması çok kullanılır bir teknik oldu.

Sinek ve böcek türlerine bir göz atın. Çoğu sıfırın altındaki ısıya kolayca uyum sağlamıyorlar mı? Böcekler, kompleks organizmalar oldukları halde donarak yaşayabildiklerine göre, doğada da "krayonik" olduğunu kanıtlamıyorlar mı? Umut verici bir gözlem de Kuzey Amerika'da ve Kanada'da bazı kurbağa türleri, kışın bedenlerinin bir bölümünü donduruyor, yaz aylarında ise buzlarını çözerek yeniden canlı yaşama dönüyorlar. Kurbağaların bu olayı gerçekleştirebilmek için bir tür antifriz yetenekleri var. Böylece, -9 derecede beden sıvılarının yarısı donduğu halde, yaşama geri dönebiliyorlar. Tarla fareleri de -2 derecede beden sıvılarının yüzde ellisi donduktan sonra yaşamlarını sürdürebiliyorlar. Bu olay dikkate alındığında, neden insanlar antifriz yardımıyla uzun süre dondurulduktan sonra yeniden yaşama dönme olanağı bulmasınlar?

GÜZEL VE DİNÇ KALMAK İÇİN NELER YAPMALIYIZ?

Şimdiye kadar zayıflayabilmek için yapmadığınız kalmadı... Size hep diyetten, jimnastikten, iradenizi kullanmaktan söz edip durdular. Belki de zaman zaman kilo verdiniz, ama yine aldınız... Sonunda rejim yapmaktan bıktınız usandınız... O halde size bu defa değişik önerilerimiz var...

Aslında tavsiyelerimiz öyle sandığınız gibi mucize rejimlerle ilgili değil. Yalnız ve yalnız aldığınız gıdaların cins ve miktarlarında ufak tefek değişiklik yapmak, yemek şeklinizi düzene sokmak. Daha az kalori alıp daha çok enerji harcayacak, ancak bunun farkına bile varmayacaksınız. Bu yöntemle hem fazla kiloları verecek, hem de daha dinç, daha sağlıklı olacaksınız.

Nasıl mı? Şu aşağıdaki öğütleri aksatmadan uygulayarak:

1. Yemek yemek sizin için yalnızca bir tatmin kaynağıysa, kendinize yeni tatmin sahaları arayın. Örneğin evinizde, işinizde, aile içinde yeni yeni uğraşlar edinmeye bakın. Kendinizi yemek yemeyi düşünmeyecek yeni çalışmaya verin. Sonunda hem daha mutlu, hem de daha zayıf olacaksınız.

2. Bir davet bile hazırlasanız, aşçılıkta ustalığınızı göstermek için, soslar içinde yüzen yemekler yerine, doğal bir şekilde hazırlanmış, az yağlı ya da çiğ, fakat süslü bir şekilde sunulmuş yemekler yaparsanız, hem misafirlerinizi memnun etmiş, hem de şişmanlamaktan korunmuş olursunuz.

3. Çok beğenseniz de aynı yemekten ikinci bir porsiyon almayın.

4. Aileniz ve dostlarınızla yediğiniz yemekten sonra, onlar yemeklerini biti-

rinceye kadar bekleyip bu arada bir şeyler atıştırmak yerine, doğru mutfağa koşup çay kahve hazırlayın ya da bulaşıkları yıkayın.

5. Yemek yemenin yanı sıra bir başka işle ilgilenmeyin. örneğin televizyon seyrederken veya kitap okurken, farkında olmadan oldukça fazla kuruyemişi tüketmiş ya da bir kutu bisküviyi yemiş olursunuz.

6. Yemek porsiyonlarınızı yarıya indirin. İyice çiğneyin. Böylece yediğinizin tadına varırsınız. Lezzetini almak için çok yemeye gerek kalmaz.

7. Yemek hazırlarken, bir yandan da atıştırmayın.

8. Hiçbir zaman bir iş yaparken ve ayakta yemek yemeyin. İşinize o kadar dalmış olacaksınız ki ne kadar yediğinizi fark edemeyeceksiniz.

9. Sinir gerginliği iştahınızı açar. Sinirli bir şekilde sofraya oturmak yerine, hafif egzersizler yapın, gerginliğinizi gidermeye bakın.

10. Yemeğinizi mutfakta yemeyin. Böylece tencereye ikinci bir kez kaşığınızı daldırmanız güçleşmiş olur.

11. Yemek aralarında bir şey yemek zorundaysanız, bisküvi, pasta yerine meyveleri tercih edin. Şekerli, kolalı içecekler yerine taze meyve sularını seçmelisiniz.

12. Salatalarınıza yağlı, yüksek kalorili soslar yerine, limon suyu katın, çayınızda şeker yerine sakarin kullanın.

13. İçki içiyorsanız, tonik yerine, maden suyu, dilim limon, buz karışımını kullanın.

14. Gıdalarınızı bitkisel lifleri fazla olanlardan seçin. Bunlar bağırsakların çalışmasını kolaylaştıracaktır.

15. "Çalışmayan eller, çalışan ağız" denklemini, yün örmek, dikiş dikmek gibi ellerinizi oyalayacak faaliyetlerle önleyin.

16. Günde üç kez kuvvetli yemek ve aralarında bir şeyler atıştırmak alışkanlığındaysanız, bunun yerine, altı öğün küçük yemekler yiyin, ama arada bir şeyler atıştırmayın.

17. Susadığınız zaman, meşrubat yerine su için.

18. Kendinizde bir ağırlık hissediyorsanız, günde en az 15 dakika kadar jimnastik yapın. Bu hem sizi zindeleştirecek, hem de fazla kalorileri yakmanıza yardım edecektir.

19. Gıda, yaşamınız için bir gereksinmeyse de, yemek yapmayı ve yemeği bir tutku haline getirmeyin.

20. Eğer kilo almanızda alkollü içkiler rol oynuyorsa, bol su ve buz kullanarak içkinizin kalorisini düşürün. Küçük kadehleri sık sık doldurup içmek yerine, büyük bardak kullanın, daha az içki içtiğinizi göreceksiniz.

Metin İncelemeleri

10 Eş Seçimi

1. Bülent ve Deniz nereye gidiyorlar?
2. Deniz niçin yorgun?
3. İstatistiklere göre evlenip de mutlu olanların sayısı yüzde kaç?
4. İlkel ve uygar toplumlarda boşanmalar arasında niçin farklılıklar var?
5. Deniz, evlilikten niçin korkuyor?
6. Bülent, kiminle evlenmek istiyor?
7. Bülent, evlilik konusunda ne düşünüyor?
8. Esen Hanım kiminle evleniyor?

10 A Dirilmeyi Bekleyenler

1. İnsanlar yaşlanmayı ve ölümü engellemek için ne zaman araştırma yapmaya başlamışlardır?
2. Benjamin Franklin'in bu konudaki görüşleri size göre fantazi midir?
3. Dondurulması gereken kişilerde ne gibi şartlar aranıyor?
4. Dondurma işlemi nasıl yapılıyor?
5. Dondurulma işleminin vücuda zararları var mıdır?
6. Dondurulan insanların ne zaman yaşama dönmeleri bekleniyor?
7. Ölüm bir son mudur? Niçin?
8. Donma ve çözülme ve yeniden yaşama dönme işlemlerinin doğada ne gibi örnekleri vardır?

Tartışma ve Yazma Konuları

1. *Mutlu bir evlilik için neler yapmalıdır?*
2. *Yaşlanmanın ve ölümün çaresi bulunabilir mi?*
3. *Beslenmenin sağlık üzerindeki etkileri nelerdir?*

FAL MERAKI

Aypar Hanım : Kahvelerimizi içtik. İsterseniz bir fal kapatalım.

Turgut Bey : Ben fala inanmam.

Serpil Hanım : "Fala inanmayacaksın, ama falsız da kalmayacaksın" demişler. Hem sonra bazı fallar da doğru çıkıyor. Ben çok denedim.

Turgut Bey : Öyleyse fincanı sizin hatırınız için kapatıyorum. Ne derseniz deyin, ben fala inanmam.

Aypar Hanım : Ben de fala pek inanmam, ama Serpil haklı. Bazen doğru çıkıyor.

Turgut Bey : Siz kadınlar, zaten her işinizi fala göre yaparsınız.

Aypar Hanım : Hiç de öyle değil. Ben fala eğlence gözüyle bakarım.

Turgut Bey : Ben de hiç fala bakmadan tahminen birçok şey söylesem, bazıları doğru çıkar.

Serpil Hanım : Ben bu konuyu yakından inceledim. Kahve falına bakanlar arasında medyum dediğimiz sezgi gücü kuvvetli kimseler genellikle pek çok şeyi biliyorlar. Bazıları ise sadece eğlence olsun diye bakıyor ve kalıplaşmış sözler söylüyorlar. Bu ikisini birbirinden ayırmak lazım.

Aypar Hanım : Ben daha çok el falına inanıyorum. El falı bazı bilimsel temellere dayanıyor. Üstelik eski Mısırlılar zamanından bu yana beş bin yıllık bir geçmişi de var.

Turgut Bey : Şimdi de falı bilimsel temellere oturttunuz.

Serpil Hanım : Bir konuyu iyice araştırmadan kabul etmek de yanlış, reddetmek de. Ben size bazı ipuçları vereyim. Kısa bir araştırma yaptıktan sonra el falının doğru olup olmadığına karar verin.

Turgut Bey : Boşuna çenenizi yormayın. Ben fala inanmam.

Aypar Hanım : Bir defa dinleyin. Serpil Hanım benim falıma baktı. Söyledikleri aynen gerçeklere uyuyor.

Serpil Hanım :	Çevrenizdeki bütün arkadaşlarınıza bir bakın, ellerinin şekliyle yüzlerinin şekli birbirine benzer. Sizin yüzünüz uzun, alnınız geniş. Elleriniz de uzun ve avucunuz geniştir.

Turgut Bey : Evet öyle, hiç dikkat etmemiştim.

Serpil Hanım : Parmak ucu sivri olan insanların altıncı hissi çok kuvvetli oluyor. Arkadaşlarınızın parmağına bakarak bunun doğru olup olmadığını rahatça araştırabilirsiniz.

Aypar Hanı : Baş parmağınızı geriye doğru götürür müsünüz?

Turgut Bey : Gitmiyor ne olacak!

Aypar Hanım : Ben de Serpil Hanımdan öğrendim. Baş parmağı geriye doğru gitmeyen kimseler inatçı oluyor.

Turgut Bey : Yani ben şimdi inatçı mıyım?

Serpil Hanım : Hâlâ el falına inanmadığınıza göre elbette inatçısınız.

Turgut Bey : Araştırmadan hiçbir şeye inanmam.

Serpil Hanım : Araştırmadan hiçbir şeyi de reddetmeyin. Ünlü Alman Filozofu Imanuel Kant "El, beynin dışarıya bir uzantısıdır"der. Ellerinizi iyi inceleyin.

Aypar Hanım : Kahve fallarımız artık olmuştur. Serpil Hanım, şu fincanlara da bir baksanız. Yeni neler var, bir öğrenelim.

KADINLAR NİÇİN ERKEKLERDEN FARKLI DÜŞÜNÜRLER?

Nobel ödüllü matematikçi veya orkestra şefi kadınların sayısı yok denecek kadar az. Buna karşılık kadın şarkıcı, dansçı ve yazarlar sayısız. Bu neden kaynaklanıyor dersiniz? Acaba kadınların başka bir beyin bölümüyle düşünmelerinden mi?

İnanması zor ama, düşüncede cinsiyet oldukça ayırıcı bir faktör. Tabii bu, her iki cinsten birinin diğerinden daha iyi düşündüğü anlamını taşımıyor.

Peter BOCCARIUS

Bu yazıyı okumaya başlarken kadınsanız sinirlenmeye, erkekseniz böbürlenmeye kalkmayın. Yazının tümünü okuduğunuzda üzüntü ve sevinciniz birbirine karışabilir. Siz en iyisi, beyin araştırmacılarının kadın ile erkek arasında saptadıkları biyolojik farklılıkları ve kadınların erkeklerden niçin daha farklı düşündüklerini açıklayan araştırmaları içeren bu yazımızı tarafsız bir gözle okuyun.

Diyelim ki, karşıdan bir röportajcı size yaklaşıp mikrofonu uzatıyor ve o anda aklınıza gelen en ünlü 10 bayan ismini saymanızı istiyor. Yanıtınız ne olurdu? Belki de şöyle: Margaret Thatcher, Teresa, Prenses Diana, Romy Schneider, Maria Callas, Mildred Sheel, Indira Gandhi, Ulrike Meyfarth, Marlyin Monroe, Nena. Böylece politik, sosyal, dinî ve toplumsal yaşamdan beş bayanın dışında iki şarkıcı, iki aktris ve bir sporcu bayan saymış oldunuz. Acaba aklınıza niçin dişi bir Einstein, Oberth, Siemens veya bir orkestra şefi, ünlü bir mimar gelmedi? Gerçekten yalnızca erkeklere özgü olan ve kadınlara uygun düşmeyen iş ve meslekler mi var dersiniz?

"Erkek mesleği" denildiğinde genel olarak bedensel gücün ön plana çıktığı işler anlaşılıyor. Ancak bazı mesleklere de, kadınları yüzyıllarca bu işlerden uzak tutmayı başaran erkekler sahip çıkmıştır. Örneğin Alman üniversitelerine ilk kız öğrenciler 1908 yılında kabul edilmişlerdir ve bazı meslekler de var ki, bunlar erkeklere daha ilginç gelmektedir.

Örneğin ressamlığı ele alalım. Mutlaka çok önemli kadın ressamlar yaşamıştır dünyamızda. Ancak bunlar, kadınların ressamlıkta ağılıklarını koyamayışları kuralını bozacak nitelikten çok birer istisnadan öteye geçemiyor. Dişi bir Rafael, Rubens veya Rembrandt olmayışı, o çağda kızların çırak olarak bir resim atölyesine girmelerinin olanaksızlığıyla kolayca açıklanabilir. Ama dişi bir Vang Gogh, Dali veya Picasso'nun olmayışı aynı şekilde açıklanamaz, çünkü onların yaşadığı devirde kadınlar bu mesleği seçebiliyorlardı.

İşte bu alanda beyin araştırmacıları ve psikobiyologlar iki önemli buluş geliştirmişlerdir: Birincisi, insanın evrensel düşünceleri için beynin sağ yarısının cinsiyete göre farklı bir şekilde, yani erkeklerde kadınlara oranla daha fazla kullanıldığı.

Tabii bu iki buluş, araştırmacıların açıklamaktan çekindikleri kadar sansasyonel ve kadın özgürlüklerine aykırı nitelikte. Örneğin kim sarkan kulak memelerini daha güzel olarak tanımlayabilir? Böylece tipik kadın kulağını aşağılamış olmaz mı? Aynı şekilde erkeğin düşüncesini örnek ve standart olarak nitelendirmek kadının düşüncesini klasman dışı bırakmak anlamına gelmiyor mu?

Herhangi bir yargıya varabilmek için, şimdiye kadar bilinen düşünce farklılıklarını ve bunların nedenlerini daha yakından incelememiz gerekecek galiba.

Tüm dünyada yüzlerce çocukta uygulanan testlerin sonuçlarına göre, daha sütten kesilmemiş çocuklarda bile kızların çevreyle olan ilişkileri erkeklerinkinden farklı. Kız çocuklarının ilgisini daha çok çevrelerindeki olaylar, yüzler, sesler ve gürültüler çekiyor. Bir konuşma tonunun ne anlama geldiğini daha kolay sezebiliyorlar: Sevinç, mutsuzluk, övgü gibi. Onlar konuşmayı daha önce beceriyorlar. Cinslerin düşünce şeklindeki önemli bir farklılık da buradan kaynaklanıyor.

Yedi ayrı yaş grubunda yapılan deneyler, kadının dil konusundaki kesin üstünlüğünü kanıtlamıştır. Dil merkezimiz beynimizin sol yarısındadır ve konuşma, kadınların yaşamları boyunca erkeklerden daha çok kullandıkları bir araçtır. Bu araç, onların dünya ile olan ilişkilerini belirler. Erkek çocuklar yeni bir şey öğrenmek istediklerinde nesneleri hiddetle birbirine katarken, kız çocukları sakince, bilen bir insana sormayı yeğlerler ve sordukları kişilere inanmak zorunda oldukları için de insanlara daha çok güven duyarlar.

Kadınların konuşma yeteneklerini ve çevreye uyum göstermeye yatkınlıklarını kanıtlayan bu buluşlardan sonra, kızların okulda niçin erkeklerden daha iyi not aldıklarını, sınıfta kalma oranlarının niçin daha az olduğunu kavramak kolaylaşıyor. Okuldan söz ettiğimizde devreye giren başka unsurlar da var. Örneğin her öğretmen, kız öğrencilerin erkek öğrencilerden çok daha az hırçın olduğunu ve davranışlarının daha nazik olduğunu belirtir. Bu konuyu irdelediğimizde karşımıza insan vücudu ve onun yapısındaki incelik ve duyarlılık çıkıyor.

Beyin araştırmacıları ve psikobiyologların bu konudaki açıklamalarına göre, konuşma merkezlerinin bulunduğu sol yarı beyinde sözcük ve tümcelerin konuşulabilmesi için Broca merkezi, bu sözcük ve tümcelerin anlamlandırılabilmesi için ise Wernicke merkezi vardır. Buna karşılık beynin sağ yarısı sentez, toplu bakış, evrensellik gibi görevleri içerir. Bu fonksiyonlar teknikte, mimarlıkta ve ressamlığın "sıkıcı" bölümlerinde etkindir.

Eğer psikobiyologlar haklıysa, kadınlar daha çok beyinlerinin sol yarılarının yönetimiyle yaşarken, erkekler düşünme işlevlerini beynin sağ yarısı ile tamamlıyorlar. Erkekler "sağ" yarıyla düşünürken, kadınlar "sol" yarıdan da yararlanıp sentez, toplu bakış ve evrensenlik gibi görevlerde de konuşma merkezini kullanıyorlar. Bu da kadının dil üstünlüğünü, uyumluluğunu ve davranışlarındaki inceliği açıklamaya yetiyor. Davranış ve beden hareketlerinden söz ederken aklımıza hemen istisnaların en güzel örneklerinden biri olan Nurejew gelse de dansa kadınların daha yatkın olduğu bir gerçektir.

Sayısız kadın gazeteci ve yazar, araştırmacıları şu görüşte birleştirdi: Kadınları ilgilendiren şey dilin kendisi değil, onunla gerçekleştirilebilecek iş ve etkinliklerdir. Doğuştan sonra dünya ile konuşarak iletişim kuran kadın, sonradan yazar veya gazeteci olduğunda dünyada yolunda gitmeyen işleri değiştirip iyileştirmek için araç olarak dili kullanır.

İncelik ve duyarlılığın yer aldığı, kadınlara bu özelliği sağlayan beynin sol yarısı, sinirlerin boşalması, ağlama krizleri ve bitkinlik gibi olumsuz histerik akımlara çok yatkındır. Eğer bu doğruysa kadınların, çocukluklarında daha hırçın, yetişkin çağlarında daha kaba olan erkeklerden, niçin çok daha kolay histeriye kapıldıkları açıklanmış oluyor.

Günümüzün dünyaca ünlü kadın şarkıcılarını, piyanistlerini, kemancılarını, çellocularını kesinlikle müzik yaşamımızdan ayrı düşünemiyoruz. Ancak ünlü bir kadın besteci veya orkestra şefi ismi bir çırpıda aklımıza gelmiyor. Niçin dişi bir Karajan yok? Acaba bu holistik düşünceden mi kaynaklanıyor, yoksa orkestra üyelerinin bir bayanın çubuğuyla yönetilmek istememelerinden mi?

Bunu araştırmak için iki yol var: Biri, insan beyninin araştırılmasını sürdürmek; diğeri ise deneyim. Artık günümüzde orkestra üyeleri arasında kadınlara daha sık rastlıyor olmamız, yakında kadın orkestra şeflerini çubuklarını oynatırken görmemizi sağlayacak belki de.

FAHRİYE ABLA

Hava keskin bir kömür kokusuyla dolar,
Kapanırdı daha gün batmadan kapılar.
Bu, afyon ruhu gibi baygın mahalleden,
Hayalimde tek çizgi bir sen kalmışsın, sen!
Hülyasındaki geniş aydınlığa gülen
Gözlerin, dişlerin ve ak pak gerdanınla
Ne güzel komşumuzdan sen, Fahriye abla!

Eviniz kutu gibi küçücük bir evdi,
Sarmaşıklarla balkonu örtük bir evdi;
Güneşin batmasına yakın saatlerde
Yıkanırdı gölgesi kuytu bir derede.
Yaz, kış yeşil bir saksı ıtır pencerede;
Bahçende akasyalar açardı baharla.
Ne şirin komşumuzdun sen, Fahriye abla!

Önce upuzun, sonra kesik saçın vardı;
Tenin buğdaysı, boyun bir başak kadardı.
İçini gıcıklardı bütün erkeklerin
Altın bileziklerle dolu bileklerin.
Açılırdı rüzgârda kısa eteklerin;
Açık saçık şarkılar söylerdin en fazla.
Ne çapkın komşumuzdun sen, Fahriye abla!

Gönül verdin derlerdi o delikanlıya,
En sonunda varmışsın bir Erzincanlıya.
Bilmem şimdi hâlâ bu ilk kocanda mısın,
Hâlâ dağları karlı Erzincan'da mısın?
Bırak, geçmiş günleri gönlüm hatırlasın;
Hatırada kalan şey değişmez zamanla.
Ne vefalı komşumdun sen, Fahriye abla!

Ahmet Muhip DIRANAS

Metin İncelemeleri

11 Fal Merakı

1. "Fala inanma, falsız da kalma" sözünden ne anlıyorsunuz?
2. Fala inanmak doğru mudur?
3. Medyum kimlere denir?
4. El falının bilimsel geçerliği var mıdır?
5. El ve yüz arasında bir ilişki var mıdır?
6. Parmak ucu sivri olan insanların özellikleri nedir?
7. Baş parmağı geriye gidemeyen insanların özellikleri nelerdir?
8. Imanuel Kant'a göre el ile beyin arasında nasıl bir ilişki vardır?

11 A Kadınlar Niçin Erkeklerden Farklı Düşünürler?

1. Kadınlar arasında niçin ünlü bilim adamları, mimarlar, orkestra şefleri, ressamları yoktur?

2. Psikobiyologlara göre beynin sağ ve sol yarım küreleri arasında ne gibi farklar vardır?

3. Erkekler ve kadınlar beynin hangi yarım küresini daha çok kullanmaktadırlar?

4. Yeni doğan kız ve erkek çocuklar arasında ne gibi farklar vardır?

5. Dil konusunda kadınlar mı, yoksa erkekler mi daha çok yeteneklidir? Niçin?

6. Okulda hangi öğrenciler daha başarılı ve naziktir?

7. Kadınlar erkeklere göre niçin daha duyguludur?

8. Gerekli imkanlar sağlanırsa, kadınlar arasından da dünyaca ünlü bilim adamları, orkestra şefleri çıkabilir mi?

Tartışma ve Yazma Konusu

1. İnsanlar fala niçin önem verirler?
2. Kadın ve erkeklerin birbirlerine göre zayıf ve güçlü yönleri nelerdir?

TÜRKÇE REÇETE

Ömer SEYFETTİN

Belkıs, geniş yatağında, mavi ipek kaplı yorganının altında sıkılmış bir yumruk gibi yusyumru yatıyordu. Sabahleyin vurdum duymaz kocasıyla yeni bir fasıl gürültü etmişti. Şimdi sinirleri çekiliyor, kalbi sızlıyor, başı çatlayacak gibi ağrıyordu. Kendi kendine:

–Ölüyor muyum?

Dedi. Bağırmak, geceliğini parçalamak, yerlere atılmak istiyordu. Fakat ağır bir kâbus hareketsizliğiyle bir şey yapamıyor, dişlerini sıkıyor, zangır zangır titriyor, inim inim inliyordu. Feryatlarını, "Eleni" tâ aşağıdan işitti. İmdadına koştu:

–Hanımcığım, ne oluyorsunuz?

Diye yorganı kaldırdı.

–Ölüyorum, kız...

–Ah Panayi... Susunuz!

–.............

Belkıs feryadını yine tekrarladı:

–Ölüyorum. Bu sefer ölüyorum...

–Susunuz, kale...

–Ölüyorum Eleni...

–Kolonya ile bari göğsünüzü oğsam...

–Hayır hayır...

–Yüzünüze su serpsem...

–Hayır, hayır... Telefona koş! Doktor Şerif'i çağır... "Hanım, son nefesini veriyor! de. Araba mı bulur, at mı, otomobil mi? Kuş olsun, gelsin! Bir dakika geç kalırsa cenazemi görür. Böyle söyle işte...

–Peki hanımcığım!

–Haydi koş, diyorum!.

Hizmetçi kız, aynalı dolabı, kapalı pencereleri zangırdatan bir çabuklukla fırladı. Belkıs daha yusyumru oldu. Daha keskin, daha acı inlemeğe başladı.

Doktor Şerif onun biraz akrabasıydı. Şimdiye kadar hiç kendisini göstermemişti. Ama herkesten övgüsünü işitiyordu. "Kadın hastalıkları" mütehassısıydı. İki sene evvel mektepten çıkmış, pek büyük bir şöhret kazanmıştı. "İnsanı lafla iyi ediyor..." diyorlardı. Belkıs çok beklemedi. Yarım saat geçmeden iri yarı, şuh bir delikanlı odaya girdi. Karyolanın yanına konulan koltuğa oturdu. Belkıs hâlâ inliyordu. Teklifsizce yorganı kaldırdı.

–Neyiniz var, Belkıs Hanım?

–Ah Doktor, siz misiniz?

–Evet, bendeniz...

–Görmüyor musunuz, ölüyorum işte...

–Görüyorum ki, bir ilkbahar sabahı kadar pembe, bir dişi kaplan kadar kuvvetli, yeni açan bir gül tomurcuğu kadar sağlam, yaşıyorsunuz!

Belkıs, azıcık doğruldu. Kaşlarını çattı:

–Rica ederim, şairliği bırakınız, dedi, hastayım. Bana bir ilaç veriniz.

Doktor güldü:

–Hah... şöyle! Biraz doğrulunuz bakayım.

–Hiçbir tarafım tutmuyor!

–Gayret ediniz.

–Oh, oh...

–Ben de yardım edeyim.

Nazik doktor, Eleni'nin şeytan bakışları altında, kollarının çıplak yerlerine dokunmamağa çalışarak hastasını doğrulttu. Arkasına, yanlarına yastıklar sıkıştırdı. Oturduğu koltuğu yatağa iyice bitiştirdi. Kendi eviymiş gibi hizmetçiye:

–Haydi kızım, sen de bize birer şekerli kahve yap!

Dedi. Sonra cebinden çıkardığı altın bir tabakadan yaldızlı bir cigara çıkardı. Belkıs'a uzattı:

–Şunu alınız bakayım.

–İçmem doktor.

–İçinize çekmezsiniz. Hele bir yakınız.

–........

Kendi de bir cigara yaktı. Dereden tepeden konuşmağa başladı. Daha kahve gelmeden ikinci cigaraları yakmışlardı. Belkıs açıldı. Doktor tıpkı bir kadın gibi konuşuyordu. Hep son günlerin dedikoduları... Sevenler, sevişenler... ayrılanlar, barışanlar... intihar teşebbüsleri... kadınlık hukukuna dair fikirler... Belkıs: "Biz Avrupa kadınlarından çok talihsiziz. Onların büyük elemlerini uyutacak birçok teselli barınakları var!" diyordu.

Doktor sordu:

–Bu barınak neresi?

–Manastır! Orada bir kadın bedbaht oldu mu, kilisenin kucağında sonsuz bir teselli bulur.

Doktor:

–Bırakınız rica ederim, diye güldü, böyle barınak olmaz olsun. Diri diri mezara girmek!.. Bilakis bizim kadınların barınağı ne güzeldir!.

–Bizim barınağımız neresi?

–Bilmiyor musunuz?

–Hayır.

–İsviçre.

Belkıs beyaz, çıplak kollarını, sık kumral saçlarını sarsan bir kahkaha ile güldü. Türkiye'de bedbaht olduktan sonra sevgilisiyle İsviçre'ye giden bir hanımdan bahsettiler. Bir saat süren gevezelik Belkıs'a bütün ıstıraplarını unutturdu.

Doktor: "Size doyum olmaz!" diye gülerek müsaade istedi. Ayağa kalktı. Güzel hastasının elini öperken, o:

–Fakat bana bir ilaç!

Dedi.

–Başüstüne!

Diye eğildi. Cebinden çıkardığı defterden bir yaprak kopardı. Kurşun kalemi elinde düşünüyordu.

–Aman doktor acı bir şey olmasın.

–Peki...

Dedi.

–Hap, kaşe filan da olmasın, iğrenirim.

–Peki.

–Harici ilaç da istemem. Kokusuna dayanamıyorum.

–Peki... Size öyle bir ilaç vereceğim ki, bir anda hiçbir ıstırabınızı bırakmayacak. Ne başınızda ağrı, ne içinizde sıkıntı, ne gönlünüzde üzüntü kalacak!

–Ah...

–Evet!

Doktor Şerif gülümsedi. Yazmağa başladı. Belkıs yan gözle yazdığına bakıyordu:

–A... Doktor, Türkçe mi yazıyorsunuz?

Dedi.

–Evet!

–Türkçe reçete olur mu hiç?

–Niçin olmasın?

–O halde siz de demek tutucu Türkçülerdensiniz?

–Hayır.

–Ey, niçin Türkçe yazıyorsunuz?

–Yapacak eczacı belki Fransızca el yazısı okuyamaz diye...

–Yavaş yavaş, düşüne düşüne yazıyordu. Belkıs uzaktan bakıyor, fakat okuyamıyordu. Gram filan, miktarını gösteren rakama benzer bir şey gözüne ilişmedi. Uzun uzun satırlardı.

–Yoksa, Şerif Bey, bu bir kocakarı ilacı mı?

–Hayır, bilakis bir genç kadın ilacı...

Doktor, yazdığı kâğıda imzasını da attıktan sonra hastasına uzattı:

"Belkıs Hanım fena halde asabından rahatsızdır! Başındaki ağrı, midesindeki bulantı, vücudundaki kırıklığın geçmesi için hemen şu tedbirler alınacaktır: Her sabah soğuk su ile ellerini, yüzünü yıkamak! Moda gazetelerinde gördüğü son şekil iki tayyörü hemen terziye ısmarlamak! Ağır bir samur kürkten manto... "Babayan"a son gelen elmaslardan, incilerden en aşağı yedi parça hemen alınacak. Her gün temiz, kiralık bir otomobil içinde iki saat kadar bir gezinti! Bu program noktası noktasına takip edilmezse rahatsızlığın pek vahim, pek tehlikeli sonuçlara sebep olacağını fen namına haber veririm!"

Kadın Hastalıkları Mütehassısı

Şerif ZEKİ

–Nasıl?

Belkıs baktı. Doktorun tâ gözlerinin içine baktı.

–Siz doktor değilsiniz!

Dedi.

–Ya neyim?

Genç kadın azıcık daha: "Duygulu bir koca, hisli bir erkek!..." diyecekti. Receteyi kırmızı, küçük dudaklarına götürdü. Hafifçe yutkundu:

–Doktordan fazla bir şey!

–Ne?

–Lokman! Azizim Lokman! Siz bir küçük Lokman'sınız! Sizi bütün kendim gibi hasta arkadaşlarıma tavsiye edeceğim!

Dedi...

DÜNYANIN YEDİLİ GİZEMİ

İnsanoğlu sayıyı ya da saymayı 3 sayısı ile öğrendi. Evrende dişi ilkeyle, erkek ilke birleşti ve bir canlı meydana geldi. Soyut düşünce olgunlaştıkça, insanoğlu varlıklar arasında ayrımın sayı ayrımından oluştuğunu anladı. Bunu ilk olarak Pisagor düşündü. İlk kez, Tevrat'ta Hz. Musa'ya Allah, "Say" emrini verdi.

Sonra insanlar, sayıların uğuruna ve uğursuzluğuna inanmaya başladılar. Sayı mistisizmi doğdu. Doğuda Hurafilik, Batıda Aritmatizm gelişti. O kadar ki, günümüzde modern bilim dünyası bile, sayıları eşit görmüyor. Nükleer fizik 2, 8, 20, 50, 82 sayılarını gizemli buluyor. Çünkü bu sayılarda nötron ve proton taşıyan çekirdekler, farklı ve daha güçlü bir enerji taşıyorlar. Diğer sayılarda nötron ve proton taşıyan çekirdeklerde bu enerji görülmüyor.

Sembolizmde her sayının bir gizemi var. Ama yedinin çok farklı bir yeri olduğu görülüyor. 7 birçok görüşe göre, insanın ve evrenin gizemidir. Peki, neden 7? Bu yorumu yazı dizimin sonuna bırakıp önce 7'lerde bir gezinti yapalım.

Astronomi ve 7

Eski inanışlara göre, "7 Yıldız Devri" vardı. Çağımızda ise Harward Üniversitesi 200.000 civarında yıldızı araştırdı. Sonuçta bunları yedili bir sınıflamaya soktu. Bu yedi grup, O-B-A-F-G-K-M harfleriyle yeni yedi harfle kodlandı.

Afeli, bir gezegenin kendi güneşine en uzak olduğun noktanın adıdır. En yakın olduğu noktaya ise Periheli deniyor. Dünya'nın Güneşe göre afelisi, 7. aydadır.

Dini İnançlar ve 7

Japon dininde 7 tanrı var. Bunlar bir arada, var olmayı oluştururlar. Yunanlıların Zeus'u, Romalıların Jüpiteri veya Kartaca'nın büyük tanrısı Baal aynıdır. Tüm bu uygarlıklarda, bu Baba Tanrı, elbisesinin önündeki 7 tanrı resmiyle simgelenir.

"Mephisto" sözcüğü İngilizcedir. Türkçesi şeytan anlamına gelir. Mephisto'nun özelliği Cennet'ten kovulan 7 şeytandan biri olmasıdır.

İslamiyette 7'nin önemi büyüktür. Kuran-ı Kerim'de 7. sure Enam suresidir. Bu surenin, 187. ayetinde, "Kıyametin zamanını ancak Allah bilir" denir. Yine Kehf suresinin 77. ayetinde, kıyametten söz edilir. Fatiha suresi 7 ayettir. Kuran'ın yedi lehçede indirildiğine inanılır. Yine Kuran'da her ayetin 7 ile 777.777 manada açıklandığı kabul edilir.

Kıyamette, mahşer gününde insanlara 7 kat gökten gelen, 7 melek soru soracaktır. Ayrıca göğün 7 katı da 7 daireden oluşmuştur. Mahşerde 7 geçit vardır. Sırat Köprüsünden geçemeyen günahkârlar 7 hale dönüşürler, su, hava, toprak, ateş, bitki, maden ve hayvan. Geçebilenler ise kendi durumlarına uygun 7 yıldızdan birine gidecekler.

Mevlâna'nın "Mesnevî"si 7 cilttir. Altıncı ciltte 7 yıldızın 7 alanından söz eder. Yine birçok İslam bilgini, örneğin Beyazıdı Bistami, yükselişi, yani miracı 7 devirde açıklar. Bu 7 devrin ya da 7 alanın sonunda yine kendini bulduğunu yazar.

Hac'da Kâbe'nin çevresinde 7 defa dönülür. Şeytan 7 taş atılarak taşlanır. Hz. Muhammed'in bazı hadislerinde kirli eşyanın 7 defa yıkanması emrolunur.

Yine İslam inancında, Cehennem ateşi, dünyadaki ateş gücünün 70 katıdır. Cennet'e 70.000 kişi sorgusuz, 70.000 kişi de bir kişinin arka çıkmasıyla (şefaatle) girecektir.

Hıristiyanlarda 7 melek ve 7 ana günah vardır. Museviler, 7 yılda bir Sabbat gününü kutlarlar. Yine tüm felsefî ve dinî öğretilerde 7 kere, 7 gün düşünmenin yararından söz edilir.

Müzik ve 7

Ünlü besteci George Frederich Haendel 7 yaşında org çalmaya başlamış ve ilk bestesini 21 yaşında yapmıştır. Fransız besteci, Messiaen Olivier, piyano metodu için 7 ayrı yoğunlukta ritm bulmuştur.

7 notanın dışında, 7 aralık, 7. Senfoni, 7 telli sazlar, 7 kemanlar, 7 oktav, 7 minör ve majör, müzikteki diğer yedilerden bazılarıdır.

7'ler bitmiyor

Yediler, Ayasofya'da toplanmışlar. Bizans İmparatoru Justinianus'un yaptırdığı onarımdan sonra, Ayasofya 7 Mayıs 558'de bir deprem sonucu hasar gördü. Çatlayan kubbe 7 m. yükseltilerek desteklere alındı ve onarıldı. Ayasofya'nın yapımında 7 yerden getirilmiş, 7 ayrı cins mermer kullanıldı. Yine yapım sırasında mimar ortadan kayboldu ve 7 yıl sonra ortaya çıktı.

Evliya Çelebi'ye göre, belleği kuvvetlendirmek için Ayasofya'nın kubbesi altında 7 kere sabah namazı kılıp ve her namaz vaktinde 7'şer kara üzüm yemek gerekiyormuş. Ayrıca Ayasofya'nın ünlü 7'ler kapısının önünde, bir inanca göre, dünyayı yöneten 7 bilge ibadet ediyor ve bu olay her yıl tekrarlanıyor.

1870'te Türkiye'ye gelen ünlü İllizyonist Pinetti, Joseph, Rus Çarı'nın önünde bir temsil veriyor. Temsil ya da gösteri saat 7'de başlayacaktır. Ama Joseph bir saat geç gelir. Çar'ın ve misafirlerin kızgınlığı karşısında, herkese saatlerine bakmalarını söyler. Tüm saatler 7'dir.

Bir diğer gösteriyi, İllizyonist Zati Sungur Dolmabahçe Sarayı'nda, Atatürk'ün huzurunda yapmıştı. Atatürk'ün ve tüm davetlilerin önünde, sarayın 7 kapısından aynı anda girdi!

Bu tür örnekleri saymanın sonu yok. Yedilerin yazarı Aytaç Erentürk, 27 yılda yaptığı araştırmaların sonucunda 35 ciltlik bir yediler ansiklopedisi oluşturmuş. Biz bu yediler okyanusundan biraz uzaklaşalım ve 7 sayısının sembolizm ve gizemcilikteki yerini inceleyelim.

7'nin sakladığı gizem

Yedileme, yedi elementten oluşmuştur. Bu yedi element, evrenin yedi yönünü belirtir. Bunlar yedi boyuttur ve her birinin iki zıt yönü bulunur. Gizemcilikte evren bir sistem üzerine kuruludur.

7 boyuttan her birinin değişimi, evrenin bir devridir. Yani her şeyin yenilenmesidir. Bir başka deyişle, her devir bir doğumdur ve acı getirir. İşte, bu nedenle sembolizmde 7 acı, ıstırap, elem ve keder sayısıdır. Fakat bunlar geçicidir ve sonuçta mutluluk getirir.

Ama sonuçta, 7 sayısı başlangıcın değişmez ana noktasıdır. Bütünlüğü ve "Evrensel Bir"i sembolize eder. Bu yüzden 7 sayısı, ilk veya temel sayılardan (0-9) üstündür. Çünkü kutsal görevi birleştiriciliktir.

7 renk bir araya gelince, gökkuşağını, 7 ses güzel bir müzik parçasını oluştururlar. İnsanda, Şakra adı verilen 7 enerji merkezi vardır. Tibet ve Hint kökenli olan bu ilgi, günümüzde kabul ediliyor. Akupunktur sisteminin temelidir.

Belki de 7'ler arasında en önemlisi budur. Çünkü insanı sağlıklı yapan, sağduyulu olmasını sağlayan, maddî ve ruhsal dengesini koruyan Şakra sistemidir. Bu sistemdeki uyumsuzluklar ve bozukluklar insanı her yönden etkileyerek hasta ederler.

7'lerle ilgili daha birçok gizem var. Sezgilerimiz ve içgüdülerimiz, bizleri 7 ile ilgili davranışlarda bulunmaya zorluyor. Yediveren gülü diyoruz. 7 kat sayı diyoruz, böylece sanki bir şeyleri taklit ediyor gibiyiz. 7 Şakra enerjisi bizi koruyor, ama insanın fizik bedeni de 7 sistem, başta 7 delik (iki göz, iki burun deliği, iki kulak deliği ve ağız kafatasında 7 parça kemik ve daha birçok 7 var. Belki de 7 sayısıyla kendimizi yansıtıyoruz.

PARAŞÜT TALİMİ SIRASINDA

Uçaktan yapılacak bir "paraşütle atlama" talimi sırasında takım kumandanı erleri karşısına dizer ve başlar son bir defa daha yapacakları işi anlatmaya:

–Uçakta hazır ol emrini alır almaz, hepiniz paraşütlerinizi takarak ikinci emri beklemeye başlayacaksınız. Atla emri verilir verilmez de tek sıra halinde açılan kapının önünde sıralanacaksınız ve birbirinizin arkasından kendinizi boşluğa bırakacaksınız. Bu sırada dikkat edeceğiniz tek husus, kendinizi boşluğa bıraktıktan sonra normal bir sayışla birden ona kadar sayıp paraşütü açmanız olacak. Buna çok dikkat etmelisiniz. Uçaktan atlar atlamaz bir, iki, üç dört diye saymaya başlayın 10'a gelince de önünüzdeki kolu çekip açın. Tamam mı?... Haydi bakalım hepiniz uçağa.

Az sonra uçak hareket eder. Atlama sahasının üstüne gelir. Emir verilir, kapı açılır ve erler sıra ile atlamaya başlar. Birincisi atlar, ona kadar sayar, paraşütünü açar. İkincisi de atlar, üçüncüsü atlar, dördüncü, beşinci derken, bir de bakarlar ki erin biri kurşun gibi aşağıya iniyor. Herkesi bir anda telaş alır. Ha şimdi paraşütü açıldı, ha şimdi açılacak diye beklerken er olanca hızıyla altta bulunan köy evlerinden birinin damını deler, içeride kaybolur.

Tabii derhal ilgililer olay yerine ambülansla, jiplerle yetişirler... Erin tavanını delip içine düştüğü evi bulurlar. Bakarlar ki ev bir samanlık. Bizimki de ortalıklarda yok... Samanların, otların içini aramaya başlarlar. Tam otların dibine yaklaştıkları sırada kulaklarına derinden derine bir ses gelir:

–Aaa.. aa.. a.. aaal.. aa.. altı. Ye.. ye,, ye,, e,,, e,, e... yedi. Se... e.. e.. e. sekiz. Kekeme er, hâlâ saymaya devam etmektedir.

Metin İncelemeleri

12   Türkçe Reçete

1. Belkıs Hanım kiminle kavga ediyor?
2. Belkıs Hanım niçin hastalanıyor?
3. Doktoru kim çağırıyor?
4. Belkıs Hanım, niçin doktor Şerif Zeki'yi çağırtıyor?
5. Doktor Şerif Zeki, hastaya nasıl davranıyor?
6. Belkıs Hanım Türk kadınlarını neden talihsiz buluyor? Sizce bu doğru mudur?
7. Belkıs Hanım ne tür ilaçlar istemiyor?
8. Doktor Şerif niçin değişik bir reçete yazıyor?

12 A   Dünyanın Yedili Gizemi

1. İnsanoğlu sayı saymayı niçin 3 sayısı ile öğrendi?
2. Tevrat'ta ve Kur'anda ilk emir nedir?
3. Afeli ne demektir? Dünyanın Güneşe göre afelisi hangi aydadır?
4. İslamiyette 7'nin önemi neden büyüktür?
5. Müzikte 7 neden önemlidir?
6. Evliya Çelebi'ye göre belleği güçlendirmek için ne yapmalıdır?
7. İllizyonist Pinetti ve Zati Sungur'un yaptıkları gösteriler nelerdir?
8. 7'nin sakladığı gizemler doğru mudur?

12 B   Paraşüt Talimi Sırasında

1. Erler, ne talimi yapmaktadır?
2. Erler, uçaktan atladıktan sonra ne yapacaklardır?
3. Erlerden biri nereye düşer?
4. Düşen erin paraşütü niçin açılmamıştır?

Tartışma ve Yazma Konusu

1. Moralin, sağlık üzerindeki etkileri nelerdir?
2. Sayıların uğuru ya da uğursuz oluşuna inanmak doğru mudur?

GECİKEN TEŞHİS

Doktor	:	Rahatsızlığınız nedir?
Suzan Hanım	:	Şurada, belimde devamlı bir ağrı var.
Doktor	:	Bir bakayım. Karnınızda da ağrı var mı?
Suzan Hanım	:	Evet, var. Karnım da ağrıyor. Vücudumu bir ateş basıyor. Arkasından bir titreme geliyor. Acıdan bayılacak gibi oluyorum.
Doktor	:	İdrar yaparken yanma var mı?
Suzan Hanım	:	Evet, var.
Doktor	:	Sık sık idrara çıkıyor musunuz?
Suzan Hanım	:	Evet.
Doktor	:	Bulantı ve kusma oluyor mu?
Suzan Hanım	:	Evet, bulantı ve kusma da oluyor. Sizce rahatsızlığım nedir?
Doktor	:	Daha önce doktora gittiniz mi?
Suzan Hanım	:	Hayır, gitmedim.
Doktor	:	Niçin?
Suzan Hanım	:	Bilmem, doktora gitmeyi pek sevmem.
Doktor	:	Ama gecikince bazen iş işten geçmiş oluyor. Doktorlar da bir şey yapamıyor.
Suzan Hanım	:	Neden, kötü bir şey mi var?
Doktor	:	Bilmem, tahlil yapılmadan bir şey söyleyemem. Ben böbrek iltihabı veya böbrek taşından şüpheleniyorum. Bütün belirtiler, bunlara tıpa tıp uyuyor. Önce bir idrar tahlili yaptıralım. Sonra bir de böbrek filmi çektiriniz. O zaman sonucu size kesin olarak söyleyebilirim.

Suzan Hanım idrar ve kan tahlillerini yaptırır. Böbrek filmini çektirir. Doktor tahlil sonuçlarını ve böbrek filmini inceler. Suzan Hanım doktorun koyacağı teşhisi merakla beklemektedir.

Doktor	:	Tahmin ettiğim gibi rahatsızlığınız böbreklerde. Bakınız şu sol böbreğinizde büyük bir taş var. Tahlil sonuçlarını da inceledim. Kanda ve idrarda kalsiyum miktarı fazla. Ayrıca böbreğinizde iltihap var. Bize gelmekte çok geç kalmışsınız. Hastalığınız çok ilerlemiş. Neden bu kadar geciktiniz? Böbrek ağrısı çok şiddetli olur. Bu zamana kadar nasıl dayandınız?
Suzan Hanım	:	Ağrı kesici aldım. Çocukluğumdan beri doktora gitmekten çekinirim.

| Doktor | : | İyi ama, çok gecikmişsiniz. Şimdi artık kendinize yeni bir böbrek aramanız gerekiyor. Sol böbrek bundan sonra pek işe yaramaz. |

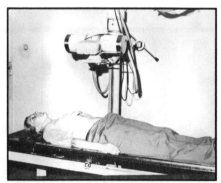

Suzan Hanım	:	Yani böbrek nakli mi yapacaksınız? Dünyada olmaz, istemem.
Doktor	:	Öyleyse böbreğin birini alırız. Tek böbrekle yaşarsın.
Suzan Hanım	:	Genç yaşta, tek böbrek. Durum bu kadar ciddi mi?

| Doktor | : | Evet, çok ciddi. Böbrek taşı ve iltihap böbreğin tüm süzme işlemini engelliyor. Daha fazla kalması vücudunuz için tehlikeli. |
| Suzan Hanım | : | Ama ben narkoz alamam. Küçükken bir kez daha denediler. Zor ayıldım. Az daha gidiyordum. |

| Doktor | : | Hipnotizmayla yaparız. Uyuduğunuz zaman en ufak bir acı duymazsınız. Böylece vücudunuz narkoz almamış olur. |
| Suzan Hanım | : | Bilmiyorum, inanamıyorum. Eve bir gideyim. Ailemle konuşayım, düşüneyim. Sonra karar veririm. |

| Doktor | : | Elbette. Karar sizin. Yalnız fazla gecikmeyin. Zaten yeteri kadar gecikmişsiniz. |

AĞRISIZ, SIZISIZ AMELİYAT

Doktor : Nasıl, karar verebildiniz mi?

Suzan Hanım : Karar vermek mi, bu benim elimde mi? Siz kararı verdiniz. Bana sadece verilen karara uymak kalıyor.

Doktor : Öyle söylemeyin. Biz size gerçekleri söylüyoruz. Karar vermek size ait.

Suzan Hanım : Benim tek korkum narkoz. Bana narkoz verilmeden hipnotizmayla ameliyat yapabileceğinizi söylemiştiniz. Bu nasıl olacak?

Doktor : Daha önce de kısaca söz etmiştim. Sizi uyutacağız. Uyku sırasında hiçbir şey duymayacaksınız. Uyandığınız zaman da her şey bitmiş olacak.

Suzan Hanım	:	Doğrusu inanamıyorum. Daha önce hiç denediniz mi?
Doktor	:	Hem de kaç defa! En az otuz kadar hastayı hipnotizma ile tedavi ettik. Hiçbir problem çıkmadı. Hepsi de şimdi son derece memnun, isterseniz sizi onlarla tanıştırayım. Bir de siz konuşun. Belki o zaman bize inanırsınız.
Suzan Hanım	:	Hayır, artık inanıyorum. Bu konuda ben de pek çok yazı okudum. Ama içimde bir korku var. Genç yaşta tek böbrekle yaşama duygusu beni çok üzüyor. Nişanlıma henüz durumu açmadım. Belki de tek böbrekli bir eş istemeyecektir.
Doktor	:	Sizi seviyorsa, o da her şeye katlanır. Sevmiyorsa zaten önem verdiğinize değmez. Hayat sürprizlerle doludur. Kimin başına ne geleceği bilinmez. Biz burada ne hastalar görüyoruz. Özellikle şu son sıralar kanser çok arttı. Kanserli hastaların çoğunun yaşama umudu yok. Buna rağmen gidip geliyorlar. Sessiz sessiz ölümlerini bekliyorlar. Yani beterin beteri var.
Suzan Hanım	:	Haklısınız doktor bey, bunları hepimiz biliyoruz. Yine de şikâyetten vazgeçmiyoruz. Benim sizden ricam şu: Birkaç ay daha ilaçla tedaviyi son bir kez denesek, iyiye doğru bir gidiş olmazsa, ameliyat olurum.! Ne dersiniz!
Doktor	:	Sizi anlıyorum. Ama bu vakit kaybından başka bir işe yaramaz. Biz kolay kolay ameliyata karar vermeyiz. Hele sizin gibi genç ve güzel bir bayana ameliyat sözünü etmeyi hiç istemeyiz. Böbreğiniz artık süzüm işini yapmıyor. Vücudunuzda kalması sizin için tehlikeli.
Suzan Hanım	:	Lazer ışınlarıyla böbrekteki taşların ameliyat olmadan parçalandığını duydum. Acaba Avrupa'ya gitsem...
Doktor	:	Amerika'ya gitseniz dahi artık yararı yok. Çok gecikmişsiniz. Daha önce olsaydı, lazer ışınlarıyla bu işi ameliyatsız halledebilirdiniz. Ama siz isterseniz bir kez de Avrupa'ya gidin. İçinizde bir şüphe kalmasın. Gitmezseniz belki sonradan yüreğinize dert olur.
Suzan Hanım	:	Peki, doktor bey. Size inanıyorum. Daha fazla vakit kaybının gereği yok. Beni ne zaman ameliyata alabilirsiniz.
Doktor	:	Önümüzdeki hafta pazartesi günü ameliyat olabilirsiniz. Yalnız yarın hastaneye yatarsanız, ameliyat öncesi tetkiklerinizi yaparız.
Suzan Hanım	:	Teşekkür ederim. Yarın sabah burada olacağım.
Doktor	:	Bir şey değil. Geçmiş olsun.

KESİP BİÇMEDEN, KAN AKITMADAN TEDAVİ EDEN IŞIN:
LAZER

Gideceğiniz herhangi bir doktor, kulak-burun-boğazcı, dişçi, cildiyeci ya da bir jinekolog şöyle bir muayene ettikten sonra "Sizi lazerle tedavi edelim" derse, sakın şaşırmayın. Zira lazer artık sadece ismiyle değil, cismiyle de boy gösteriyor, doktor muayenehanelerinde.

İngilizcede "uyarılmış elektromanyetik ışınım yayan ışık yükseltici" kelimelerinin baş harflerinin birleştirilmesinden oluşan lazer, uzay çağının en önemli buluşlarından biri. Gelişmiş ülkelerde günlük yaşantının bir parçası adeta. Gelişmemiş ülkeler de fazla yabancısı değil aslında.

Yurdumuza bile kendisinden önce adı geldi. Hani şu, Uzay Yolu dizisinde en zor anlarda yardıma yetişen sihirli ışınlar. İlk kez orada tanışmıştık lazerle.

Medilas 2 YAG adlı lazer cihazı da tıbbın hizmetine girdiğinden beri hemen hemen tüm hastalıkların tedavisinde kullanılıyor. Etki birim alana verilen ışınlama dozu ile ölçülen lazer ışınları, dokuya iletilirken geçirgenliği yüksek bir iletkenden yararlanılıyor ve böylelikle muhtemel güç kaybı önleniyor.

Lazer ışınlarından en çok yararlanılan alan estetik cerrahi. Vücuttaki fazla yağların eritilmesinden, kırışıklıkların yok edilmesine ve en hassas ameliyatlardan biri olan göz ameliyatlarında, damarlardaki kanamaların bir an için 20 bin derecelik ısı ile pıhtılaştırılmasına kadar, estetik cerrahinin her aşamasında başvuruluyor lazere. Cilde tatbik edilirken de lokal ya da akupunktur noktalardan faydalanılıyor.

Kozmetolojide yeni bir uygulama şekli ve softlazer adı verilen yeni bir yöntem. Bu yöntem tamamen zararsız olarak kabul ediliyor, zira burada metabolizma uyarılıyor ve hücre aktifleştiriliyor. Cerrahide kullanılan lazer ise, softlazerden 10 bin misli daha kuvvetli. Bu nedenle de yakıcı ve kesici özelliğiyle vücudun savunma mekanizmasını güçlendiren "ışık vitamini" olarak tanımlanıyor.

Lazerle uygulaması yapılıp başarı sağlanan tedaviler arasında cilt bozuklukları, uçuk, saç dökülmesi, kısırlık ve selüliti sayabiliriz. Sinüzit, artroz, kemik deformasyonları, nevralji, kas burkulmaları, baş ağrısı ve baş dönmesi, siyatik tedavilerinde de lazerden yararlanılıyor.

Metin İncelemeleri

13 Geciken Teşhis

1. Suzan Hanımın ne gibi rahatsızlıkları vardır?
2. Doktor hangi hastalıklardan şüpheleniyor?
3. Yapılan tahlil ve incelemeler sonunda hangi hastalık teşhis ediliyor?
4. Doktor ameliyat konusunda niçin ısrar ediyor?
5. Hangi böbreğin durumu daha kötüdür?
6. Suzan Hanım niçin narkoz almak istemiyor?
7. Narkoz almadan ameliyat olmak mümkün mü? Nasıl?
8. Suzan Hanım ameliyat olmaya karar veriyor mu?

13 B   Ağrısız, Sızısız Ameliyat

1. Suzan Hanım, nasıl bir karar veriyor?
2. Herkes hipnotizmayla ağrısız sızısız ameliyat edilebilir mi?
3. Suzan Hanım nişanlısına ameliyat olacağını söylüyor mu? Niçin?
4. Beterin beteri var sözünden ne anlıyorsunuz?
5. Suzan Hanım son bir kez ilaçla tedaviyi niçin istiyor?
6. Suzan Hanım ameliyat olmamak için başka hangi yolları düşünüyor?
7. Böbrek tedavisinde lazer ışınları ne zaman yararlıdır?

13 B   Kesip Biçmeden, Kan Akıtmadan Tedavi Eden Işın : Lazer

1. Lazer ne demektir?
2. Lazer, Türkiye'de nasıl tanındı?
3. Lazer, estetik cerrahide hangi alanlarda uyarlanıyor?
4. Cerrahide kullanılan lazerin softlazerden ne farkı vardır?
5. Lazerle yapılan tedavilerden hangilerinden başarılı sonuç alınmıştır?

BİR ÇOCUK YETİŞİYOR

Esen Hanım evleneli iki ay kadar olmuştu. Hamile olduğunu fark etti, ama tam emin değildi. Doktora giderek hamilelik testi yaptırdı. Sonuç olumluydu. Bir çocuğu olacaktı. Akşam müjdeyi Mehmet Beye verdi. Mehmet Bey çok sevindi. İkisi birlikte akşam yemeğini dışarıda yiyerek dünyaya gelecek olan yavrularının varlığını kutladılar. Bu arada da bir yığın program yaptılar. Esen Hanım bundan sonra hiç yorulmayacak, erkenden yatacak, sabahları kuvvetli kahvaltı yapacak, bol bol süt içip yoğurt, peynir yiyecekti. Mehmet Bey de ev işlerinde Esen Hanıma daha çok yardımcı olacak, akşamları yemekten sonra birlikte yürüyüşe çıkacaklardı.

Tatlı birçok hayaller kurarak eve döndüler. Mehmet Bey o gece ilginç bir rüya gördü. Sabahleyin rüyasını Esen Hanıma anlatarak bir oğlan çocukları olacağını müjdeledi. Esen Hanım "Hayırdır inşallah, ama rüyalar genellikle tersine çıkar"dedi. Mehmet Bey kendinden emin bir ifadeyle "Benimkiler doğru çıkar" dedi ve devam etti: "Gece bir deniz kenarındaydım. Rahmetli babam yanıma geldi. Bir oğlun olacak. Şu gördüğün engin deniz gibi bilgili olacak. Bu sebeple adı Engin olsun"dedi.

Esen Hanım "Öyleyse bir oğlumuz olursa, adını Engin koyarız." diye gülümsedi. Heyecan içinde yedi ay geçti. Esen Hanım nur topu gibi bir oğlan çocuğu doğurdu. Mehmet Bey sevinçle "Ben söylememişmiydim, rahmetli babamın söylediği çıktı"dedi. İlk iki gün sevinç içinde geçti. Üçüncü gün beklenmedik bir olay oldu. Bebeğin rengi sapsarıydı. Mehmet Bey çocuğu hemen hastaneye götürdü. Acil serviste kan aldılar. Kandaki biluribin sayısı %16'ya çıkmıştı. Bebekte fizyolojik sarılık vardı. Doktor %5 biluribinin normal, daha fazlasının çok tehlikeli olduğunu, beyne giden zehirli kanın, beyin hücrelerini öldüreceğini ve çocuğun çok tehlikeli bir duruma düşeceğini, bu sebeple iki saat sonra yeniden kan tahlilinin yapılması gerektiğini söyledi.

Mehmet Beye iki saat, iki yüzyıl kadar uzun geldi. Bebekten yeniden kan alındı. Yarım saat sonra laboratuvardan tahlil sonucunu verdiler. Biluribin %26'ya çıkmıştı. Doktor derhal bebeğin kanının değişmesi gerektiğini söyledi. Vakit gece yarısıydı ve serviste sadece iki nöbetçi doktor vardı. Doktorlar hemen bebeğin kanını değiştirmek için bütün hazırlıkları yaptılar. Mehmet Beye de artık eve gitmesini, orada beklemesinin herhangi bir yararı olmayacağını, sonucun sabahleyin belli olacağını söylediler.

Mehmet Bey eve gitmek istemedi. Bekleme salonuna geçti. Eve dönmezse, Esen Hanım merakta kalacaktı. İstemeyerek eve döndü. Bütün aile toplanmış merakla onu bekliyorlardı. Mehmet Bey hiçbir tehlike olmadığını, kan muayenesi için bebeğin birkaç gün hastanede kontrol altında kalması gerektiğini söyledi. Bu söylediklerine kendisi de inanmaya çalışarak odasına çekildi. Esen Hanım peşinden giderek onu soru yağmuruna tuttu. Ağlamaktan özleri kan çanağına dönmüştü. Mehmet Bey, gayet sakin Esen Hanımın bütün sorularını cevaplandırdı. Esen Hanımı ertesi gün hastaneye götüreceğini söyledi. Bunun üzerine Esen Hanım rahatladı.

Mehmet Bey sabahleyin erkenden, evde herkes henüz uykudayken hastaneye koştu. Doktorlar ona bebeğin kurtulduğunu müjdelediler. Mehmet Bey inanamadı. "Nereden biliyorsunuz?" diye şüpheyle sordu. Doktor "Bakın bütün refleksler normal, eğer kurtulmasaydı, çocuk pelte gibi olurdu. Refleksler hiçbir uyarıcıya cevap veremezdi" dedi. Mehmet Bey bebeğe elini uzattı. Bebek Mehmet Beyin parmağından tuttu. Doktorun söylediği doğruydu. Refleksler normaldi. Mehmet Bey usulca bebeğin kulağına eğildi. "Nasılsın oğlum Engin!" dedi. Gözlerinden birkaç damla sevinç gözyaşı döküldü.

Bu üzücü olaydan kısa bir süre sonra Engin, iyi bir bakım sayesinde sağlığına yeniden kavuştu. Esen Hanım, altı ay ücretsiz doğum izni aldı. Sürekli Engin'in yanında kaldı. Engin'in doğumunun kırkıncı günü bütün yakın akraba, eş, dost ve komşular çağrıldı. İki hoca geldi, mevlit okudu. Mevlit'ten sonra hocalardan biri dua ederek Engin'in kulağına eğildi "Adın Engin, gönlün zengin, eşin dengin olsun" diyerek bebeğin adını koydu. Arkasından şeker dağıtıldı, lohusa şerbeti içildi.

Esen Hanım, Engin'in sağlıklı bir çocuk olması için elinden gelen her şeyi yapıyor, beslenmesine dikkat ediyor, her gün banyo yaptırıyor, her ay mutlaka doktor kontrolüne götürüyor ve aşılarını hiç ihmal etmiyordu. Bazen çok yorulduğu zamanlar "Engin biraz büyüse de rahat etsem" diyordu. Arkadaşları ise ona "Rahatlık konusunda hiç umutlanma, çocuk büyüdükçe derdi de büyür" diye cevap veriyorlardı.

14 A

AHMED YESEVİ

Abdurrahman GÜZEL

XI. asrın sonları veya XII. asrın başlarında Sayram'da doğmuştur. Yedi yaşında iken babası İbrahim'in vefat etmesi üzerine ablasıyla Yesi şehrine gitmiştir. İlk kültürünü burada **Şeyh Aslan Baba**'nın muhitinde almıştır. Sonra Buhara'ya gitmiş **Şeyh Yusuf Hemedâni**'nin talebesi ve mürîdi olmuştur. Bu arada **Yesi**'de tarikatını kurmuş, bilâhare Buhara'ya dönerek Hemedanî'nin üçüncü halifesi olmuştur. Kısa zamanda tarikatı, Türkistan'daki Türkler arasında yayılmış ve kökleşmiştir. 1166'da ölümünden sonra soyu, kızı Gevher Şehnav'la devam etmiştir.

Ahmed Yesevî'nin Türk illerinde bilinen menkabevî hayatına göre; Hz. Muhammed, bir savaş esnasında sahâbesiyle birlikte aç kalır ve bu sıkıntıdan kurtulmak için Allah'a dua eder. Allah, Cebrâil vasıtasıyla onlara Cennetten hurma gönderir. Hurmaları yerlerken hurmalardan birisi yere düşer. Cebrâil o zaman *"Bu hurma Türkistan'da doğacak olan Ahmed Yesevî'nin kısmetidir."* der. **Hz. Muhammed,** hurmayı Ashâb'dan olan Arslan Baba'ya vererek zamanı geldiğinde Ahmed Yesevî'ye vermesini söyler. Uzun yıllar yaşayan **Arslan Baba**, aramaları neticesinde Ahmed Yesevî'yi bulur ve hurmayı verir. Henüz çocuk olan Yesevî, Arslan Baba'nın telkinleri ile büyür. Sonra Arslan Baba'nın irşâdiyle Buhara'ya gider. Şeyh Yusuf Hemedanî'ye intisâb eder. Onun vefatı üzerine Yesi'ye döner ve **Yesevi tarikatını** kurar. Bu da gösteriyor ki Türkler ile İslâmiyet arasında kurulan organik bağ, sonradan ortaya çıkmamış olup İslâmiyet'in başlangıç yıllarına, tâ Hz. Muhammed'e kadar uzanmaktadır. Ahmet Yesevi, bu arada günlük hayatında boş durmaz, tahtadan kepçe ve kaşık yapıp satar, böylece geçimini de sürdürmeye çalışır.

Ahmed Yesevî, bir "dağın ortadan kaldırılması", pamuktan alev çıkması, fakat pamuğun yanmaması, "susuzlara sunduğu alevi içenin serinlemesi", cuma namazını bir anda gittiği Mısır'daki Câmi Ü'l-Ezher'de kılması gibi pek çok kerâmetler göstermiştir. Hızır'la sık sık buluşmuştur. Ölümünden iki yüz yıl sonra rüyâsına girdiği Timurlenk'e zafer müjdesi vermiş, o da kazandığı zaferlerden sonra bugünkü türbelerini yaptırmıştır.

İslâmiyetin Orta Asya'da yerleşip yayılmasında Ahmed Yesevî'nin rolü büyüktür. Yesevî, tarikatında şiirlerin sazla söylenmesi, hatta dinî raksların mevcudiyeti, güzel sanatlara yakınlığı ve temâyülü olan Türklerin ruhunda derin izler doğurmuş ve onların İslâmiyete büyük alâka göstermelerine yol açmıştır. Ahmed Yesevî, İslâm'ı şeriât ve târikat ağırlığıyla benimsemiştir. Ayrıca Yesevî, bu *kısacık hayatta Allah'a varmanın yolunun aşk yolu olduğunu* söylemiştir. Ancak bu yol, çok çetindir. O, *"Nefsi öldürmek, aşk ateşinde yanmak ve benlikten uzaklaşmakla ancak sevgi bağına girilebilir. Üstün insan olmanın ve önemli saadete ermenin yolu budur."* der.

Yesevî'nin şiirleri didaktik (öğretici)tir. Saf ve samimi bir lirizm taşıyan bu şiirlere "Hikmet" adı verilmiş ve bunların tamamı "Divân-ı Hikmet" adı altında toplanmıştır. Bu şiirlerde dinî-ahlâkî öğütler, Allah'a olan kulluk, Allah ve Hz. Muhammed sevgisi, âhiret âlemi gibi hususlar asıl mebde (hareket noktası) olarak ele alınmıştır. Yesevî, şiirlerini Türkçe yazmıştır. Bu Türkçe, devrin Türk yazı dili olan Hakâniye Türkçesidir. Ayrıca Yesevî'nin «Fakrnâme» adlı bir eseri daha vardır.

XII. asırda kurulmuş olan Yesevî Tarikatı, Horasan, İran, Azerbaycan ve Anadolu'da yayılma imkânı bulmuş; Anadolu'da teşekkül eden bütün tarikatlara da temel olmuştur. Bu cümleden olarak Anadolu'nun Türkleşmesi ve İslâmlaşması bâbında görevlendirilen Alp Erenlerden Horasan'lı Hacı Bektâş-ı Velî de Ahmed Yesevî'nin 6. Postnîşîni Lokman Perende tarafından özel olarak yetiştirilmiş olup; fikir, muhtevâ, metod, prensip, imân ve aksiyon itibariyle Ahmed Yesevî yolunda idi. Hatta *"Ahmed Yesevî'nin Divân-ı Hikmeti ne ise, Hacı Bektâş-ı Velî'nin Makâlâtı da odur"* diyebiliriz. Her ikisi de, *Türk milleti'nin millî-dinî muhtevâda birlik ve beraberlik içinde olmaları için* çalışmışlar ve başarıya ulaşmışlardır.

Ahmed Yesevî'nin Divân-ı Hikmet'inden bir örnek verelim:

HİKMET

1 Allah diyen bendenin yerini cennette gördüm;
   hûri, gılman hepsini karşı hizmette gördüm.

2 Gece gündüz yatmadan Hû zikrini diyenler,
   melâyikler yoldaşı, Arş'ın üstünde gördüm.

3 Hayır sahâ kılanlar, yetim gönlün alanlar,
   Çahar-yâr'lar yoldaşı, Kevser lebinde gördüm.

4 Âmil olan âlimler, yola giren âsiler,
   öyle âlim yerini Dâru's sakar'da gördüm.

5 Kadı olan âlimler, rüşvet alıp yiyenler,
   öyle kadı yerini Nâr-ı sakar'da gördüm.

6 Müftü olan âlimler, haksız fetva verenler,
   kara yüzlü mahşerde, kolunu arkada gördüm.

7 Zâlim olup zulm eden, yetim gönlün ağrıdan,
   kara yüzlü mahşerde, Sırat köprüsünde gördüm.

8 Cemaate varmadan namazı terk kılanlar
   şeytan ile bir yerde, Derk-i esfel'de gördüm.

9 Kul Hâce Ahmed kân açtı, inci cevheri saçtı,
   dinlemeyen bu sözü, gaflet içinde gördüm.

HİKÂYET-İ Mİ'RÂC

Ey birader, asil sözü yalan demez;
dini gevşek münafıklar neler demez;
o ezelden kara bahtlıdır, kendine gelmez;
gerçek ümmetseniz, işitip selâm verin dostlar.

Ey birader, münafıka olma sen ülfet;
kim ülfettir, başı üzre yüz bin külfet;
baştan başa münafığın işi ziyan, zahmet;
gerçek ümmetseniz, işitip selâm verin dostlar.

Kul Hâce Ahmed Mirac sözünü hikmet kıldı;
Allah'a şükür, Mustafa'ya evlat kıldı;
Arslan Baba'm hurma verip sevindirdi;
gerçek ümmetseniz, işitip selâm verin dostlar.

Ahmed YESEVİ

DOĞURACAĞINA İNANIYORSUN DA...

Hoca, bir gün komşusundan ödünç bir kazan alır. İşi bitince içine bir tencere koyup götürür, teslim eder. Komşusu içindeki tencereyi görünce sorar:

–Hocam bu ne?

–O mu? Kazanın yavrusu!

Gel zaman git zaman, Hoca yine ödünç kazan ister. Komşusu da hemen getirip verir. "Bakalım bizim kazan bu kez ne doğuracak?" diye merakla beklemeye başlar. Aradan günler, haftalar geçer, kazandan ses çıkmayınca Hoca'ya gelir:

–Hocam kazan n'oldu?

Hoca:

–Kazan öldü! der.

Adam afallar:

–Hoca hiç kazan ölür mü?

Hoca da gereken cevabı verir:

–Niçin ölmesin? Doğuracağına inanıyorsun da, öleceğine neden inanmıyorsun?

Metin İncelemeleri

14 Bir Çocuk Yetişiyor

1. Esen Hanım, hamile olduğunu anlayınca Mehmet Bey'le nasıl bir program yapıyor?
2. Mehmet Bey rüyasında ne görüyor? Bu rüya doğru çıkıyor mu?
3. Engin'in doğumundan sonra neler oluyor?
4. Kandaki biluribinin yükselmesi niçin tehlikelidir?
5. Bebeğin kanı neden değiştiriliyor?
6. Bebeğin sağlığına kavuştuğu nasıl anlaşılıyor?
7. Bebeğin adı ne zaman ve nasıl konuyor?
8. Çocuk büyüyünce, gerçekten sorunları da büyür mü?

14 A Ahmet Yesevî

1. Ahmet Yesevî ne zaman doğmuştur?
2. Ahmet Yesevî "Yesî" şehrine niçin gitmiştir?
3. Ahmet Yesevî Yusuf Hemadânî'nin öğrencisiyken hangi tarikatı kurmuştur?
4. Hz. Muhammed hurmanın birini niçin Ahmet Yesevî'ye ayırmıştır?
5. Türkler ile islamiyet organik bağ ne zaman kurulmuştur?
6. Ahmet Yesevî'nin gösterdiği kerametler nelerdir?
7. Timurlenk Ahmet Yesevî türbelerini niçin yaptırmıştır?
8. İslamiyetin Orta Asya'ya yayılmasında Ahmet Yesevî'nin rolü nedir?
9. Ahmet Yesevî'nin şiirlerine niçin "Hikmet" adı verilmiştir?

Tartışma ve Yazma Konusu

1. Rüyaların gerçekle bir ilgisi var mıdır? Rüyalarınızın doğru çıktığı olur mu?

2. Eski masallar ile günümüzdeki yeni masallar arasında ne gibi farklar vardır?

15

YUNUS'UN ŞİİR DÜNYASI

Sevinç Gürsoy

Yeryüzünde insan soyundan daha üstün daha önemli bir başka yaratık düşünülemez. Ama öteki yönü ile de insanoğlundan daha kötü, daha korkunç bir ikinci varlık gösterilemez.

Hâbil, Kâbil döneminden beri bu boğuşmanın, didişmenin ne bittiği ne de biteceği var. Dün de kardeş kardeşi çekemiyordu, bugün de... Dün de dost, dosta vuruyordu, bugün de aynı... Değişen birşey yok.

Bazı aşamalarda bu boğuşmalar, yamyamlıktan daha beter, utanç verici, tiksindirici boyutlara ulaşıyor. İşte Yunus Emre'nin yaşadığı günlerde Anadolu böylesine bir acun cehennemi ortamına sürüklenmişti. Neden, niçin bilinmez herkes birbirini yemektedir. Oysa sevseler, sarmaşsalar, mutlu olsalar olmaz mı? O zaman her iki dünyayı da kazanacaklarının hiç farkına varamıyorlar.

İşte Yunus'un ruhunu şahlandıran bu düzen, bu kör dövüşü, soydaşlarına, kandaşlarına, candaşlarına, özgürlüğü, eşitliği, bunlara saygıyı salık veriyor. Tanrı sevgisinde birleşmeyi öneriyor. Ölüm olayı karşısında, tüm bencilliklerden uzaklaşmamız gerektiğini savunuyor ve *"Sevelim, sevilelim"* çağrısıyla ortaya çıkıyor..

Yunus, bu karanlık günlere bir ışık tutmuş, öylesine ışımış ki yüzyıllarca sürmüş... Öyle bir sevgi sunmuş ki, yüreklere işlemiş, coşmuş, taşmış insandan insana... Bugün de canlı, yarın da... Bu yüzyıllarca da canlı kalacak; inancımız yüce.

....

Her varlığa güç veren "sevi"dir. Yaşamayı daha bir alımlı, daha bir anlamlı bulmaz mı seven varlık? İnsan sevi ile kinden, bencillikten uzaklaşmaz mı? Birbirine bağlanıp daha saygın olmaz, onun seslenişini duymaz mı?

"Adımız miskindir bizim, düşmanımız kindir bizim
Biz kimseye kin tutmazız, kamu alem birdir bize"

İşte Yunus da sevi ile başlar söze Onun sevisinin acısı, gözyaşı, karanlığı, kötümserliği yoktur. Belki vardır ama, kısa sürer bu. O, acıdan tatlıya, feryattan suskunluğa çok çabuk dönüşür. Sevisinde kendini aşma, aydınlık, sevinç vardır çoğu zaman.

"İşidin ey yârenler
Aşk bir güneşe benzer
Aşkı olmayan gönül
Misâli taşa benzer

Taş yürekte ne biter
Dilinden ağu tüter
Nice yumuşak söylese
Sözü savaşa benzer"

Taş gönüllerde bir bitiş tükeniş vardır. Umursamazlık içindedir hep. Kara taşa bir şey ekmeye kalkılsa, yıllarca sulansa, bakılsa o taş yine nasıl ki kaskatıdır, hünerli taş olamaz; bu gönüller de böyledir işte. Seviden yoksun yürek katıdır, seviden yoksun insan acı sözlüdür, zehir döker dilinden olanaksızdır onun tatlı sözler söylemesi..

Ama Yunus öyle midir? Onun sevisi insanlıkla kaynaşmıştır. Bu nedenle sevgili Emre'mizin sevisi insan yüreğine akar, doldurur, aşar bile...

Taş gönüllü, acı dilleri yerer, kınar; seviden içi yansa bile gene de ondan ayrılmaz, sevenleri de över.

"Aşkın yanar yüreğim
Yandığım bana hoş gelir

....

Bu dünya dopdolu kalleş
Her birinden bir taş gelir

....

Hakkı gerçek sevenlere
Cümle alem, kardeş gelir"

O'nun sevgisinin bir ucunda Tanrı vardır:

"Hak Çalabım Hak Çalabım, sencileyin çok Çalabım
Günahlıyım yarlıgagıl, ey rahmeti çok Çalabım"

Sevgisinin diğer ucunda da insan vardır. İnsan Tanrı'nın bir parçası olduğuna göre, Tanrı'yı sevdiğinde, birbirini de sevecektir, o zaman da birbirinden ayrılmayacaktır. Onun aradığı da budur. Bu aradığını insanın özünde bulur ve ona "Sev, sevil" der.

"Benim gönlüm, gözüm aşkla doludur
Dilim söyler yari, gözüm suludur
Öd ağacı gibi yanar yüreğim
Tütünüm görene seher yelidir

....

Yunus sen toprak ol eren yolunda
Erenler menzili arştan uludur"

Bu sevi ile Yunus yanmış, coşmuş... Bundan ötürü insanlara yol gösterici olmuştur. Bu sevi ile Yunus'un bağrı başlı, gözü yaşlı olmuş, gece gündüz yanmış, aramış ama sonunda O'nu bulmuştur ya... *"Bir ben vardır bende benden içerü"* diyerek mutlu olmuştur ya...

Sonra aradığının toprakta saklı olduğunu da yüzyıllar öncesinden bize bildirmiştir.

"Ben ayımı yerde gördüm, ne işim var gökyüzünde
Benim yüzüm yerde gerek, bana rahmet yerden yağar"

derken de şu gerçeği dile getirmiyor mu?

"Şöyle hayran eyle beni aşk adına yanayım
Her nereye bakar isem, gördüğüm seni sanayım

....

Hem dem söylenir haberin, her giz bulunmaz eserin
Götür yüzünden perdeyi didarına göyüneyim"

O'nun sevisinde görülüyor ki Tanrı ve insan içiçedir.

....

"Biz dünyadan gider olduk kalanlara selam olsun
Bizim için hayır dua, kılanlara selam olsun"

diyerek herkesin birbirinin ardından iyilikten söz etmesini, hayır duada bulunması gerekliliğini bir kez daha hatırlatır.

İşte bizim Yunus, yüzyılların ötesinden bugünün arayış içinde bulunan dünyasına böyle sesleniyor. O, yalnız bize değil, bütün insanlığa kurtuluş yolunu gösteren bir dehadır.

Anadolu'nun bağrından kopup gelen, erişimsiz sevgisiyle insanlığa yol gösteren bu güce, bir selam da biz sunuyoruz, anısı önünde saygıyla eğiliyoruz.

GALAKSİNİN MERKEZİNDE NE OLABİLİR?

Isaac Asimov

Gökbilimciler, Yay takımyıldızındaki bir noktanın galaksimiz samanyolu'nun tam merkezinde bulunduğuna inanıyor. Bu noktadan dev miktarlarda enerji çıkıyor. Bu enerji kaynağını sağlayan nedir? Galaksinin kenar bölgelerinde, Güneşimizin de bulunduğu merkezden uzak sakin kısımda, yıldızlar seyrektir. Galaksinin merkezine doğru ilerledikçe, yıldızların birbirlerine gittikçe daha çok yaklaştıkları görülür. Merkezde ise üst üste yığılmış olmaları gerekir.

Galaksimizin merkezi

Bazı gökbilimciler, galaksinin merkezindeki güç odağının, hepsi ışık saçan -belki- milyonlarca yıldız içeren yoğun bir yıldız kümesinden oluştuğunu düşünüyor. David A. Allen'ın liderliğindeki bir grup İngiliz gökbilimci, geçen haziranda bu görüşü doğrulayacak bulgular elde etti.

IRS 16 adlı merkezdeki noktayı gözlemleyen büyük bir teleskop, bu tür bir yıldız kümesinin üretmesinin beklenebileceği büyük miktarda kızılötesi ışınım saptadı. IRS 16'nın yanında çok sıcak bir yıldız bulunuyor. Allen'ın grubu tüm bu yıldızların, merkezde saptanan enerjiyi açıklayabileceğini belirtiyor. Radyo dalgası dedektörleriyle bölgeyi inceleyen gökbilimciler ise ikna olmuş değiller. Galaksinin merkezinin çok yakınındaki Sgr A adını verdikleri bir nokta, güçlü radyo dalgalarının kaynağını oluşturuyor.

Araştırmalarına göre radyo dalgaları ışımasının kaynağı bir uçtan öbürüne 3.2 milyar km'den daha az alan kaplıyor.

Bu, güneş sistemimizden oldukça küçük. Sgr A'nın merkezi, Güneş'in bulunduğu noktada olsaydı, tüm sistem Uranüs'ün yörüngesinin dışına biraz taşacaktı. Radyo-gökbilimcileri, milyonlarca yıldızın bu kadar küçük bir hacim içine sıkışmış olmalarının ve bu koşullar altında kimliklerini ayrı yıldızlar olarak korumalarının mümkün olmadığını düşünüyor. Yıldızlar Güneş'in kütlesinden belki 5 milyon kere büyük dev bir yıldız oluşturacak biçimde bir araya gelmiş olmalı.

11 PT Merkezdeki Karadelik mi?

Böyle dev bir yıldız, kendi gravitasyonel çekiminin etkisiyle küçük bir hacim içine büzülebilir ve yakın çevresindeki çekim şiddeti o kadar büyük olur ki, hiçbir şey bundan kaçamaz, ışık bile. Bir başka deyişle, radyo-gökbilimcileri, galaksinin güç odağının geniş bir yıldız kümesi değil, dev bir "kara delik" olduğuna inanıyor. Böyle bir kara delik var olsaydı, maddeyi kendi içine çekecek ve böylece, sarmallar çizerek gökbilimcilerin saptadığı enerjiyi serbest bırakacaktı. Üstelik, bu sarmallar çizen maddenin, "büyüme diskinin" büyüklüğü tam Sgr A'nın büyüklüğü kadar olacaktı. Bu iki varsayımdan hangisinin doğru olduğuna nasıl karar verebiliriz?

Bir ikilem içindeyiz, çünkü galaksinin merkezini göremiyoruz. Geniş toz bulutları ve öteki yıldızlar arkasına saklanmış durumda. Dolayısıyla, dolaylı kanıtlara bağlılığımız sürecek. Kızılötesi ışınımı ve radyo dalgalarını çok daha iyi gereçlerle incelemeyi sürdürmeliyiz; belki böylece, bir sonuca ulaşabiliriz.

Niçin önemli?

Bu önemli mi? Evet önemli; çünkü, gökbilimcilerin yanıtlamaya çalıştıkları en önemli sorulardan biri şu: Galaksiler nasıl oluştu? Başlangıçta, evrendeki madde düzenli ve denkti (gökbilimciler bundan hemen hemen eminler). Ancak bir şekilde yumru biçimi aldı. Bunun için hiçbir açıklama yok. Bir olası açıklama, kara deliklerin oluşması ve her kara deliğin çevresinde galaksi yıldızlarının toplanması. Fakat bunun mümkün olması için galaksimizin, dolayısıyla tüm galaksilerin merkezinde bir kara delik olması gerekiyor. Bu, gökbilimcileri büyüleyen bir sorun. Kesin yanıt bulmanın bir yolu, galaksinin merkezine bir araştırma uydusu göndermek olabilir. Taşıdığı gereçler, saptanacakları kapsar ve bilgileri bize ışın halinde gönderir ya da geri taşır.

Merkeze uydu göndersek...

Kuramsal olarak bir çözüm, fakat büyük bir sorun var. Galaksinin merkezi yaklaşık 30000 ışık yılı uzakta. Işık hızında bir uydu gönderirsek (evrende mümkün olan maksimum hız), merkezin yakınlarına ulaşması 30000 yıl alacaktır. Bilgileri bize ışın halinde gönderebilir, ancak 30 bin ışık yılı uzaklıkta olduğu için ışının bize ulaşması 30 bin yıl alacaktır ve ışın, saptamamızın mümkün olmayacağı kadar zayıflayacaktır. Uydu, bilgilerle geri dönebilir; yine ışık hızında ilerlerse, bize ulaşması bir 30 bin yıl daha sürecektir. Kısacası, galaksinin merkezinden doğrudan bilgi edinebilmek için en az 60 bin yıl beklememiz gerekiyor. Uydu, ışık hızının onda biri hızla ilerlerse ki bu daha makul bir hız, bilgi için 600 bin yıl beklememiz gerekecek. Bu olanaksız. Bu nedenle, dolaylı bilgileri iyice değerlendirmeyi sürdürmeliyiz.

TESADÜFLER ZİNCİRİ

Reha EROĞLU

Bir gazetede çıkan Kennedy'nin öldürülmesiyle ilgili bir yazıda, Başkan Lincoln ile Başkan Kennedy'nin öldürülmeleri arasındaki garip benzerlikler belirtilmektedir. Bunları aynen buraya naklediyorum:

Başkan Lincoln de, Başkan Kennedy de Medeni Haklar Kanununu savunmuşlardı.

Lincoln 1860, Kennedy 1960'ta Birleşik Devletler Başkanlığı'na seçilmişlerdi.

Her ikisi de cuma günü karılarının yanında öldürülmüşlerdi.

İkisi de sırtlarından ve başlarından vurulmuşlardı.

İkisinin de yardımcısının adı, Johnson'dur. İki yardımcı da Güney Demokratlarındandı ve ikisi de senatördü.

Andrew Johnson 1808, Lydon Johnson 1908'de doğmuşlardı.

Lincoln'ün katili John Wilkes Booth 1839'da, Kennedy'nin katili Le Harwey Oswald 1939'da doğmuşlardı.

Her iki katil de güneyli olup gizli ideoloji sahipleriydiler.

Her iki katil de mahkeme önüne çıkmadan öldürüldüler.

Her iki başkanın karısı da suikasttten kısa bir süre önce Beyaz Saray'da bir çocuk kaybetmişlerdi.

Lincoln'ün sekreterinin adı Kennedy idi ve başkana tiyatroya gitmemesini tavsiye etmişti.

Kennedy'nin sekreterinin adı Lincoln'dü ve başkana Dallas'a gitmemesini tavsiye etmişti.

John Wikes Booth, Lincoln'ü bir tiyatroda vurmuş ve bir depoya kaçmıştı.

Lee Harvey Oswald, Kennedy'ye bir depodan ateş etmiş ve bir tiyatroya kaçmıştı.

Lincoln ve Kennedy isimleri yedişer harften kuruludur.

Andrew Johnson ve Lyndon Johnson isimleri on üçer harften kuruludur.

John Wilkes Booth ve Lee Harvey Oswald isimleri on beşer harf ihtiva eder.

Benzerlikler cidden çok garip ve hayret edilecek bir derecede değil mi? Bu ne demektir? Bu benzerlikleri arayıp bulmak ve böyle yazmak elbette güzeldir. Fakat bunun nedenleri, arayıp bulduğumuz zaman meydana çıkar.

Metin İncelemeleri

15 Bir Vahşinin Mektubu

1. Toprak, kızılderililer için neden kutsaldır?
2. Toprak satmak kızılderililer için neden büyük bir özveridir?
3. Beyazlar toprağa ne gözle bakar?
4. Kızılderililer, beyazların kurduğu kentler hakkında ne düşünüyor?
5. Kızılderililer için yaşamın anlamı nedir?
6. Hava niçin kutsaldır?
7. Kızılderililerin ve beyazların hayvanlara davranışları nasıldır?
8. İnsanların doğaya karşı sorumsuz davranışları bizi nasıl bir sonuca götürecektir?

15 A   Galaksinin Merkezinde Ne Olabilir?

1. Yıldızlar, galaksinin neresinde daha çoktur?
2. Gökbilimcilere göre galaksinin merkezindeki güç odağı neden oluşmaktadır?
3. Radyo-gökbilimcilerinin galaksinin merkezi hakkındaki düşünceleri nelerdir?
4. Sizce galaksinin merkezinde ne vardır?
5. Gökbilimcilere göre galaksiler nasıl oluşmuştur?
6. Galaksinin merkezi dünyaya ne kadar uzaktadır?
7. Galaksinin merkezine uydu yollamak mümkün müdür?
8. Galaksinin merkezinde ne olduğunu niçin dolaylı yoldan araştırmak zorundayız?

Tartışma ve Yazma Konusu

1. Tüm ulusların katılacağı bir "gezegenimizi koruma" kanunu çıkarılabilir mi?

2. Yaşadığımız evreni tanımamızın bize ne gibi yararları vardır?

3. Kennedy ile Lincoln'ün ölümü arasındaki benzerlikler sizce nasıl açıklanabilir?

16

TÜRKÇENİN GÜCÜ

Doğan AKSAN

Bu benim anadilim bir denizdir; derinliğiyle, gözün erişemeyeceği genişliğiyle, sınırsız gücü, güzellikleriyle... Dibinde gün görmemiş inciler yatar; üstünde binbir rengin çalkantısı var.

Bu benim denizim Türk insanının içliliğinin, duyma, düşünme gücünün, dünyayı görüşünün en iyi yansıtıcısıdır; onun çektiklerini, duyduklarını, özlediklerini dile getirir. Türkçeye eğiliniz, tek tek, sözlerine bakınız; onlarda Türkün bilgeliğini görecek, yüzyıllar boyunca doğayla içiçe geçen yaşamını öğrenecek, sevgisini, yaradılışının yüksek değerlerini sezinleyecek, bu sözlerin birçoğunda şiir tadı bulacaksınız. Bunların yanı sıra insana, doğaya, yaşama ilişkin binlerce gözlem çıkacak karşınıza...

Deyimlerimize eğiliniz; onları başka dillerin deyimleriyle karşılaştırınız: Bambaşka bir anlatımla taptaze, canlı benzetmelerle, değişik imgelerle karşılaşacak, anlatımı, açıklanması güç duyguların, belirtilmesi zor durumların bir çırpıda kuruluveren bir sahne üzerinde ortaya konduğunu göreceksiniz. Burada yalnızca birkaç örnek üzerinde durmakla yetinelim :

Bir kadının, bir kimse ve özellikle bir yuva için çok büyük bir özveri göstermesi, büyük sıkıntılara katlanması, uzun bir süre çeşitli zorluklara göğüs germesi Türkçede *saçını süpürge etmek* deyimiyle anlatılır ki, böylesine kısa ve güçlü bir anlatım, ancak Türkçenin somutlaştırma eğilimi ve Türkün imge gücüyle açıklanabilir, sanıyoruz. Yeteneklerini, olanaklarını göz önünde bulundurmaksızın kendini büyük ve güçlü görüp yapılan bir işe katılmayı anlatan *topal eşekle kervana karışmak* deyimi de belli bir durumu canlandırarak dile getirilen bir sözdür. *Körler mahallesinde ayna satmak* ya da *Müslüman mahallesinde salyangoz satmak* gibi çok özgün sözler de insanoğlunun, dünyanın her yerinde rastlanan çeşitli tutum ve davranışlarını, ilgi çekici benzetmelere başvurarak, adeta sahneye koyarak, somutlaştırarak anlatan deyimlerdir. Anadolumuzda, çoğumuzun duymadığı, bilmediği böylesine nice güzel sözler, özgün anlatım örnekleri vardır.

Yazı dilimizde ve Anadolu ağızlarındaki kimi sözlerin, deyimlerin, hatta kimi bitki adlarının, yıllar yılı okunup bellenmiş nice şiirlerden daha güçlü olduğu, Türk insanının anlatım gücünü, buluş ve nüktesini nasıl kısa yoldan ve içtenlikle ortaya döküverdiği eskiden beri ilgimi çekmiştir.

Alman dilinin ve yazınının önde gelen kurucularından Jacob Grimm'in, dünyanın neresinde, hangi toplumda olursa olsun, halk şiirini "doğal şiir", kültürlü kimselerin yazdıklarını da "yapma şiir" sayması[1] bütün bütün haksız değildir. Halk şiiriyle, özellikle manilerimizle deyim ve atasözlerinin kaynağı aynıdır; bunların tümünü aynı kaynağın ürünleri sayabiliriz. Çoğunlukla aynı söz sanatlarından yararlanan, dilimize mal olmuş, bu öğeleri bir arada gözden geçirmek doğru olur, diye düşünüyoruz.

Türkün şiirine, manisine, türküsüne giderseniz duygunun en incesini, söyleyişin en yücesini, en içten anlatımla size tattırdığını görürsünüz. Hem de yavaştan, belli etmeden, kolayca...

Türkülerimize kulak veriniz, şurada burada kulağımıza çalınan basit ama özgün ezgileri güçlendiren, içtenlik dolu dizelere... Kışı soğuk, yazı sıcak geçen, yazın dereleri çekilip yeşilleri sararan kuru Orta Anadolu'nun kavruk insanı, duygusunu nasıl güçlü bir anlatımla dile getiriyor :

Güvercin uçuverdi	*Güvercinim uyur mu?*
Kanadın açıverdi	*Çağırsam uyanır mı?*
Eloğlu değil mi	*Sen orada ben burda*
Sevdim de kaçıverdi	*Buna can dayanır mı?*

Önce güvercinden, onun kanadından söz eden halk ozanı - halk şiirimizin birçok örneklerinde olduğu gibi-birdenbire, hiç beklenmedik bir anda yüreğinin yangınını ortaya döküveriyor. Uçuveren güvercinle kaçıveren sevgili birbiriyle ilişkiye sokuluyor; zihinde çizilen güvercin imgesi, onun uçuverişi, kaçıp giden sevgilinin elden gidişini dile getiriyor; uzak çağrışımlarla bizde güvercin gibi hafif, yumuşak, ılık duygular uyandırıyor.

İkinci dörtlükte uyuyan güvercin imgesi, çağrılsa uyanıp uyanmayacağı sorusu ve "Sen orada ben burada" yargısının ardından özlü, güçlü "Buna can dayanır mı?" sorusu yine duygulara kapı açıyor.

Aynı güvercin imgesi şu Elâzığ türküsünün dörtlüğünde aynı zamanda içten, cüretsiz bir dileği de yansıtıyor :

Kövengin yollarında

Çimeydim göllerinde

Bir çift güvercin olsam

O yarin kollarında...

Niceleri var daha bunların, bilinen bilinmeyen, duyulan duyulmayan...

---

1) Gedanken, wie sich die Sagen zur Poesie und Geschichte verhalten, 1808 (Kleinere Schriften, yay. K. Müllenhoff, I. Berlin, 1864).

16 A

YOLCU İLE YILAN

Bir Türk Masalı

Bir kişi seyahate çıkmış. Yolda gidiyormuş, yorulmuş... Şöyle bir kara ağacın dibine uzanmış: "Biraz şurda dinleneyim" demiş. Kara ağaçta da bir yılan varmış. Ağacın altında adam ateş yakmış, alevler ağacı sarmış. Ağaç yanmakta. Yılan yukarda çığırıyor. Zavallı yılan yanacak ateşte. "Şunu kalkayım, kurtarayım" demiş adam. Kalkmış, yılanı kurtarmış ateşten. Bu sefer yılan gelmiş karşısına:

"Ey insanoğlu, ben seni sokacağım."

"Yahu, niye socaksın? Ben seni ateşten kurtardım ya."

"Yok, sokacağım... Kurtarmasaydın."

"Ey, madem ki öyle, gideriz, üç yere danışırız, üçü de "soksun" diye fetva verirlerse, sen o vakit sok beni."

Kalkıyorlar, yola düşüyorlar. Giderken bir öküz görüyorlar. Adam diyor ki:

"Ey öküz baba! Bu yılan ateşte yanıyordu, onu kurtardım. Bu sefer beni sokmak istiyor. Ben buna iyilik yaptım. Bu beni sokar mı, sokmaz mı?"

"Sokar" diyor öküz. "İnsanoğluna iyilik mi yarar? Bana bütün çiftini sürdürür, sürdürür, ihtiyarladığım zaman götürür, kasaba verir, kestirir. İnsanoğluna iyilik yaramaz."

"Ha, tamam" diyor yılan. "Buradan aldık fetvayı."

Biraz daha giderken yolları bir ırmağın kıyısına ulaşıyor. Diyorlar ki: "Şu ırmağa da soralım, bakalım."

"Ya mübarek ırmak! diyor adam. Bu yılan ateşte yanıyordu, ben bunu kurtardım. Şimdi beni sokmak istiyor. E, bu beni sokmalı mı? Sokmamalı mı?

"Tabii sokmalı, diyor ırmak. İnsanoğluna iyilik yaramaz. Sebep? Çamaşırını, her şeyini bende temizler, kendi de bende yıkandığı, benim suyumu içtiği halde, elini yüzünü yıkar da bir de yüzüme doğru tükürür."

"Tamam" diyor yılan. "Burdan da aldık fetvayı."

Giderken bir tilkiyle karşılaşıyorlar. Ona sesleniyorlar.

"E dur bakalım Tilki baba!" Tilki dinliyor.

"Bu yılan," diyor adam, "ağaçta yanıyordu, ben bunu kurtardım. Şimdi beni sokmak istiyor. Bu beni sokar mı, sokmaz mı?"

Tilki bir işaret ediyor gizliden adama, "bize var mı bir şey?" demek istercesine. Adam göz kırpıyor "evet" der gibi. Tilki:

"Sokamaz." diyor.

"Tamam! Son cevap sokamaz olduğu için beni sokamazsın." diyor insanoğlu. Yılan bırakıp gidiyor.

O zaman Tilki adama soruyor:

"Arkadaş, bana ne getireceksin sen?"

"Sana ben kırk tavukla kırk horoz getireceğim."

"Peki, nereye getireceksin onları?"

"Yarın, falan yerde geniş bir tarla var, ıssız bir yer, oraya. Sen orda beni bekle."

Adam kırk tazı koyuyor çuvalın içine, ertesi gün bunları sırtladığıyla hadi bakalım Tilkinin beklediği yere. Tilki de "kırk tavukla kırk horoz gelecek" diye sevinmekte. Adam gelince diyor ki:

"Arkadaş, ben getirdim tavukları. Birer birer mi çıkarayım çuvaldan, yoksa hepsini mi dökeyim?" Tilki:

"Of! diyor, pek keyfim geldi. Dök, dök hepsini birden. Ben onların dağılanını sakalımı sallaya sallaya toplarım bir yere.

Adam o zaman: "Al Allah kulunu, zapt et delini!" diyor da çuvalın ağzını açıyor, bir döküveriyor. Kırk tazı çıkıp da Tilki'yi görüverince saldırıyorlar üstüne. Tilki fırlamış, kaçmış, güç belâ kurtulmuş tazıların elinden. Yüksek bir taşın başına çıkmış da:

"Ey anasını bellediğimin kafası! İnsanoğluna iyilik mi yarar? "Sokar" desem olmaz mıydı? Ben tavuktan da vazgeçtim, şu beni koştuğu eziyete bak."

Tilkicik yakayı kurtarmış ama, insanloğuna da pek kızmış:

"Ey insanoğlu! demiş, ben de senin evinde, yurdunda, yuvanda her nerde bulursam tavuğunu, horozunu yaşatmayacağım.

İşte o günden sonra, İnsanoğlunun kümesinden tavuk çalmaya ahdetmiş Tilki. Hâlâ da ahdında duruyor.

ÇIKIP YÜCESİNE SEYRAN EYLEDİM

Çıkıp yücesine seyran eyledim
Gördüm ak kuğulu göller perişan
Bir fırkat geldi de durdum ağladım
Öpüp kokladığım güller perişan

Hayal hayal oldu karşımda dağlar
Eşinden ayrılan ah çeker ağlar
Dökülmüş yapraklar bozulmuş bağlar
Bülbülün konduğu dallar perişan.

Yıkılmış dilberin mâmur illeri
Susmuş bülbül söylemiyor dilleri
Dağılmış sümbülü solmuş gülleri
Yüzüne dökülmüş teller perişan.

Karacoğlan der ki toy avlamadım
Arap ata binip boylatamadım
Küstürdüm güzeli huylatamadım
Dilberi küstüren diller perişan.
                         KARACOĞLAN

Metin İncelemeleri

16 Türkçenin Gücü

1. Yazar, Türkçeyi niçin bir denize benzetiyor?
2. Türkçe, Türk insanının nelerini yansıtıyor?
3. Türkçe deyimlerin öteki dillerdeki deyimlerden ne gibi farkları var?
4. Jacob Grimm halk şiirini niçin doğal şiir, kültürlü kimselerin şiirlerini ise yapma şiir saymaktadır?
5. Halk şiiri, maniler, deyimler ve atasözlerinin kaynakları niçin aynıdır?
6. Halk ozanı güvercin ile sevgili arasında nasıl bir ilişki kuruyor?

16 A Yolcu ile Yılan

1. Adam yılanı niçin kurtarıyor?
2. Yılan, kurtulduktan sonra ne yapıyor?
3. Öküz, ırmak ve tilkinin olay hakkındaki görüşleri nedir?
4. Adam, tilkiye ne söz veriyor? Bu sözünü tutuyor mu?
5. Adam, tilkiye nasıl bir oyun oynuyor? Bu yaptığı doğru mu?
6. Tilki, neden tavuk ve horozlara düşman oluyor?

MENDİL ALTINDA

Memduh Şevkat ESANDAL

Ağustos. Cuma günü. Sicil Müdürü Cavit Bey, yemekten sonra minderin üstüne uzanmış, uyumak istiyor. Ama, karasinekler rahat bırakmıyorlar. Köylülerin, duvar diplerine uzanıp, yüzlerine birer mendil örterek mışıl mışıl uyudukları gözünün önüne geldi. İmrendi. Uzandı, sandalye üzerinde duran ceketinin cebinden beyaz keten mendilini alıp yüzüne örttü, sıkıntılı olmasına aldırmayarak uyku gelecek, diye bekledi. Bu arada da ilkin çocuklarının mektep taksitleri için gönderdiği paranın makbuzunu nereye koyduğunu düşündü. Sonra, karısının "para yetiştiremiyorum" diye sızlanmasını hatırladı. "Ben burada aç duracak, değilim ya" dedi. Maaşlara zam yapılacak diyorlardı... Müsteşarın, kendisini sevdiğini düşünüp, sevindi. Yanlışlıkla işten el çektirilen bir memuru Cavit Beyin bir sözü ile müsteşar hemen eski işine göndermişti. Ya öyle olmayıp da Müsteşar dayatsaydı. Bu zavallı adam sefil olurdu. Sonra onun han köşelerinde nasıl sürüneceğini, nasıl borçlanacağını, kılığının nasıl bozulacağını, traşının nasıl uzayacağını birer birer gözünün önüne getirdi. Acıdı. "Ya Müsteşar kabul etmese idi" diye düşündü. O zaman sanki Müsteşar dayatmış gibi kızdı. Kendi kendine sordu, "Ne yapardım?" hemen ceketinin göğsünü ilikledi, akadaşına "ver şu evrakı" dedi, kâğıtları aldı, doğru Müsteşar'ın yanına. Müsteşar, masasının başında kâğıt okuyordu, başını kaldırdı, her gün sorduğu gibi "Hayrola,

Müdür Bey" diye sordu. "Efendim dedi açıkta kalan filan efendi için olmaz buyurmuşsunuz... Bu da revâ mı, efendim. Bu zavallı nereye gidip derdini anlatsın? Bu bizim yanlışımız yüzünden işten el çektirilmiş. Kendisinin bir günahı var mı? Siz de çoluk çocuk sahibisiniz. İnsaf ediniz efendim. Müsteşar "olmuş olmuştur", diyor. Bir defa her nasılsa el çektirilmiş. Memuriyet hayatında böyle şeyler olur. Kendine başka yerde iş arasın. "Sicil Müdürü bu haksızlığa karşı köpürüyor. Müsteşara diyor ki, "Bu iş aksederse, elbette bizim için iyi olmaz." O, bu sözleri söylerken, bütün kalem arkadaşları, bütün daire halkı da kapıdan dinleseler... sicil müdürüne ateş basıyor. Bütün daire, bütün işitenler, onun yiğitliğine, kabadayılığına şaşıp kalıyorlar. Çarşıdan pazardan geçerken, herkes arkasından gösteriyor... Müsteşar, sicil müdürünün sözlerinden korkuyor, imzasını bozup sözünü geri alıyor, sicil müdürü kâğıtlar elinde odadan çıkarken, kapıda dinleyenlerin aralıktan kendi odalarına kaçıştıklarını görüyor, aşağı inip elindeki kâğıtları muavinin önüne atıyor. Muavin müsteşarın silinmiş imzasını görünce ağzı açık kalıyor. Sicil müdürü, muavinin şaşırdığını düşününce, beyaz keten mendil altında tatlı tatlı güldü. Sonra, işine yeniden tayin edilen memur haber alıyor, gelip sicil müdürünün ayaklarına kapanıyor, bu iş de her yerde duyuluyor. Karısının kulağına kadar da gidiyor. Kadından bir mektup: "Orada bu kadar işler yapıyorsun da, bize para göndermiyorsun." Artık kızıyor. Bu kadarı da olmaz... Hemen o da bir mektup döşeniyor. Aradan biraz geçince, bilmem nerenin ikinci seçmenlerinden bir mektup: "Meb'us seçeceğiz kabul buyurunuz."

Mazbatası Meclisten geçince, bir gün daireye geliyor, bütün arkadaşları tebrik ediyorlar, Müsteşar oda kapısından karşılıyor, pantolunun arka cebinden altın tabakasını çıkarıp cigara veriyor...

Meclise girince ilk iş, memur maaşlarının arttırılmasına dair bir teklif...

Sicil müdürü terden heyecandan boğulacaktı. Mendili yüzünden çekip fırlattı. Yüzü kızarmış, gözleri dönmüş, saçları dikilmiş, köşeye oturdu. "Bu mendil altında da nasıl uyurlar" diye düşündü, sonra da tekmesiyle odanın döşemesini teperek:

–Meryem, bir kahve pişir, diye hizmetçisine bağırdı.

17 A

TÜRKÇE'NİN DÜNYA DİLLERİ ARASINDAKİ YERİ

Zeynep KORKMAZ

En az 2000 yıllık tarihi bir geçmişi olan Türkçemiz, Ural-Altay dil grubunun Altay kolunda yer alan bir dildir. Adını Ural ve Altay dağlarından alarak iki öbek veya iki ana kol oluşturan bu gruptaki diller, yukarıda açıklanan dil ailelerinde olduğu gibi, köken akrabalığına dayanan bir aile oluşturmazlar. İki kol arasındaki benzerlik yalnızca yapı benzerliğinden ibarettir. Bu benzerlikler, her iki kolun da eklemeli birer dil olması, aralarında derece farkları bulunmakla birlikte, birer ünlü uyumu sistemine sahip olmaları, ses bilgisi, kelime türetme yolları ve cümle yapıları bakımından yakınlıklar taşımaları ve kelime eşlikleri gibi noktalarda toplanabilir.

Gerçi Altay Dağları çevresindeki kavimlerin konuştukları diller ile Ural Dağları bölgesi ve çevresindeki dilleri birleştirerek bir Ural-Altay dil ailesi grubuna bağlayanlar olmuştur. Bu konudaki çalışmalar da oldukça eskidir. İsveçli subay ph. J. von Strahlenberg (1730), Fransız Abel-Rémusat, Danimarkalı R. Rasch ve Alman W. Schott (1836) bu konuda epey emek vermiş olan araştırıcı-

125

lardır. İlk taslağı Strahlenberg tarafından çizilen ve *Tatar dilleri* diye adlandırılan Ural-Altay dil ailesinin W. Schott tarafından tam bir sınıflandırması yapılmıştır. Fakat Ural-Altay filolojisinin esas kurucusu, bu dilleri yerinde inceleyen Finli bilgin M.A. Castrén (1813-1852)'dir. Castrén, bu alandaki çalışmalara çeki düzen vermiş ve konunun sağlıklı bir yola girmesini sağlamıştır.

Ne var ki, Ural-Altay dil birliği temelinde yapılan araştırmalar, bu iki grubu aynı dil ailesi içinde birleştirme bakımından gittikçe zayıflayan sonuçlar vermiştir. H. Passonen, E.N. Setälä , B. Cllinder gibi bilginler, Ural-Altay teorisine karşı çıkarak Ural dillerini Hint-Avrupa dilleri ile karşılaştırmağa çalıştılar. Yapılan karşılaştırma sonuçlarından, bu iki kol arasındaki benzerliklerin dillerine oranla çok daha sınırlı olduğu ve bir köken akrabalığını destekleyecek nitelikte bulunmadığı anlaşılmıştır. Böylece, bu iki gruba giren dillerin kendi içlerinde birbirleri ile karşılaştırılması görüşü ağır basmıştır. Bu görüş, sonuç olarak geçen yüzyılın sonlarında Ural-Altay dil teorisini zayıflatmış ve yapılan sınıflandırmalarda "dil ailesi" yerine "dil grubu" deyimi tercih edilmiştir.

Bu konuya eğilmiş olan bilginler, bugün Ural ve Altay kollarının birbirinden ayrı müstakil gruplar halinde incelenmesinin daha uygun olacağı görüşünde birleşmişlerdir. Bu görüşlere göre, grubun Ural ve altay kolları, kendi içlerinde elbette müstakil birer aile oluşturabilecek niteliktedirler. Esasen günümüzde Ural grubuna bağlı dillerle ilgili araştırmalar hayli derinleşmiş olduğundan, bu grup içindeki dillerin biribirleriyle akrabalığı sorununa çözülmüş gözüyle bakılmaktadır. Aynı durum Altay kolu için de söz konusudur.

Ural-Altay dil grubunun Ural kolu Fin-Ugur ve Samoyet olmak üzere iki alt kola ayrılmıştır. Samoyet alt kolunda çeşitli dalları ile Samoyetçe yer almaktadır. Fin-ugur alt kolunda ise Batı ve Doğu Fince'yi içine alan Fince ile Lapça, Macarca ve Ugurca bulunmaktadır.

Altay dil ailesine giren başlıca diller, Türkçe, Moğolca, Mançuca ve Tunguzca'dır. Son zamanlarda Korece ile Japoncayı da Altaistik çerçevesinde ele alan bilginler vardır. Korece'nin Altay dilleri ile olan akrabalığı hemen hemen kesinleşmiş gibidir. Fakat Japonca'nın akrabalığına ilişkin çalışmalar şimdilik kesin bir sonuca ulaşmış değildir.

Altay dilleri arasındaki akrabalık konusu XIX. yüzyıl ortalarından beri ciddî ölçülerle ele alınmış bulunuyor. Önce yukarıda adı geçen Finlandiyalı M.A. Castrén tarafından başlatılan çalışmalar, daha sonra başkaları tarafından da devam ettirilmiş ve son yıllarda Altaistik geniş ve başlı başına bir araştırma alanı olarak ortaya çıkmıştır. Gerçi, Altay dil ailesine giren dillerin bir köken akrabalığına mı, yoksa bir arada yaşamanın getirdiği sıkı kültür ilişkilerinden ve ödünçlemelerden kaynaklanan bin kültür akrabalığına mı bağlanabileceği hususu bugün bilim adamlarınca daha kesin bir sonuca bağlanabilmiştir denemez. W. Bang, J. Németh, S. G. Clauson ve G. Doerfer gibi bilginler, bu akrabalığın bir kültür akrabalığı olduğu görüşünü benimsemişlerdir. G. Doerfer, Türkçe, Moğolca ve Tunguzca gibi üç Altay dilinde ortak kelimelerin 350 civarında olduğu ve bunlardan ancak 120 kadarının temel kavramlarla ilgili bulunduğunu belirtmiştir. Bu duruma göre , söz konusu diller arasındaki temel kavram yakınlığı %5'i aşmamaktadır.

G. J. Ramstedt, M. Räsänen, K. Menges ve N. Poppe gibi bilginler ise, yaptıkları derinlemesine çalışmalara ve karşılaştırmalara dayanarak, bu diller arasındaki köken akrabalığına ispatlanmış nazarı ile bakmaktadırlar. Nitekim N. Poppe, Altay dillerinin karşılaştırmalı gramerini işleyen eserinde, Moğol, Mançu, Tunguz dilleri arasındaki uygunlukların bir raslantı veya bir ödünç alma ile sonuçlanan kültür ilişkilerinden ibaret olmadığını sağlam deliller ile ortaya koymuştur. Ona göre, bu dillerde ses bilgisi, şekil bilgisi, cümle yapısı ve söz hazinesi bakımından tespit edilen yakınlık ve ortaklıklar, bir kültür akrabalığını aşacak niteliktedir. Esasen bugün yapılan bütün sınıflandırmalar, Altay dil ailesini kökeni itibariyle Ana Altayca veya Altay Dil Birliği denilen ortak bir anadile bağlamış bulunmaktadır.

Altay dil ailesinin kolları arasında akrabalığı oluşturan önemli ortak özellikler vardır. Bu dil ailesi içinde en çok araştırılmış olan Türkçedir. İkinci sırayı Moğolca alır. 1901-1914 yılları arasında Doğu Türkistan'da yapılan kazılarla elde edilen malzeme üzerindeki çalışmalar, Kök Türk Yazıtları'nın keşfi ve bu alandaki çeşitli araştırmalar, Türkçe ile Moğolca arasındaki karşılaştırmaları kolaylaştırmıştır. G.J. Ramstedt'in Türkçe, Moğolca ve Tunguzca arasında yaptığı karşılaştırmalı çalışmalara yeni ufuklar açmıştır. Bu suretle başta ses tarihi ile ilgili birtakım benzerlik ve ayrılıklar ortaya konabilmiştir.

Altay dil ailesinden gelen ve Türkçe'nin çok eskibir kolu olan Çuvaşça ile Genel Türkçe arasındaki ses ayrılıklarının, Moğolca'da da Çuvaşça'ya paralel olarak devam ettiği görülmüştür. Aynı durum öteki dillerde de tespit edilmiştir. Böylece, Çuvaşça dil akrabalığının kanıtlanmasında önemli bir köprü vazifesi görmüştür.

Altay dil ailesinin başlıca ortak özellikleri şu noktalarda toplanabilir:

1- Aile içinde yer alan dillerin hepsi de eklemeli dillerdir.

2- Çekim ve türetmede hep son ekler kullanılır. Ön ek sistemi yoktur.

3- Bu dillerde cinsiyet yoktur. Bu sebeple sözcükler şekil değişikliğine uğramazlar.

4- Sayı sıfatlarından sonra gelen isimler genellikle teklik şeklindedir: üç ev, sekiz kardeş gibi.

5- Altay dilleri eklemeli dil yapısında oldukları için kelime kökleri sabittir. Türetme yeni eklerle yapılır. Zengin bir ek sistemi vardır.

6- Diller arasında aynı şekilden kaynaklandığı tespit edilen ortak ekler vardır. Bu özellik Moğolca ile Türkçe arasında daha belirgindir.

7- Cümle yapısı bakımından özne, fiilden önce gelir ve genellikle baştadır. Fiil cümle sonundadır. İsim ve sıfat tamlamalarında, belirten belirtilenden önce gelir; yani, tamlamanın ikinci derecedeki unsuru esas unsurun önündedir: duvar kağıdı, yeşil kalem gibi. Cümle kuruluşunda yardımcı cümleler sıfat-fiil ve zarf-fiiller ile kurulur: Dün bahçeye çıktığımızda, serin bir rüzgar esiyordu. Bize gelirken, söz verdiği kitabı da birlikte getirmişti gibi.

8- Altay dilleri arasında bugün görülen bazı ses değişmeleri, bunları kökende ses bilgisi bakımından yine bir ortaklığa götürmektedir. Nitekim, Türkçe sözlerdeki z'ler Moğolca'da, Tunguzca'da ve Çuvaşça'da r'ye dönüşmüştür. z>r değişmesi niteliğindeki bu olay dilbiliminde rotasizm (r'leşme) olarak değerlendirilmektedir: Trk. buzagu, Moğ. biragu, Çuv. pıru; Trk. buz, Çuv. par; Trk. öküz, Moğ. üker, Tung. ukur, hukur; Çuv. vıgır; Trk. ekiz/ikiz, Moğ. ikire gibi. Aynı değişme öteki akraba dillerde de vardır. Türkçedeki z Tunguzca'da r'ye, Korece'de l'ye, Japonca'da r veya t'ye dönüşmüştür. Bu değişmelerin köken dil durumundaki Ana Altayca'da bir r'ye dayandığı ileri sürülmektedir.

Aynı şekilde lambdaizm dediğimiz bir l'leşme olayı da vardır. Bu olay dolayısıyla Türkçedeki ş sesi Moğolca'da ve Çuvaşça'da l'ye dönüşmüştür. Trk. taş, Çuv. çul, Moğ. çilagun; Trk. tiş / diş, Çuv. şıl; Trk. kaşık. Çuv. kajek, Moğ. halbaga gibi. Türkçedeki ş'lerin l'ye dönüşmesi olayı Tunguz ve Kore dillerinde de görülmektedir.karşılaştırmalar sonunda bu değişmelerin Ana Altaycada ortak bir l sesine dayandığı ileri sürülüyor.

Altay dilleri arasındaki ünlü ve ünsüz değişmelerini ve ses denkliklerini kökende yani Ana Altaycada birer ortak sesle birleştiren daha çok örnek sıralanabilir. Kelime başındaki t-, y- ünsüzlerinin ortak kelimelerde gösterdiği değişmeler ile ilgili denklikler; Türkçede, Halaçca dışında artık kaybolmuş bulunan h- sesinin öteki Altay dillerinde h, ph, p şekillerinde devamı ve bunun kökende bir ortak p sesine dayanması (Alt. padak/Halaçca hadak/ Türk. adak/ayak, Moğ. adağ gibi) da hep bu akrabalık ilişkileri ile ilgili belirtilerdir.

9- Ses bilgisi açısından Altay dillerini ortaklaştıran diğer bir özellik de ünlü uyumunun varlığıdır. Hattâ, bu uyum dolayısıyla k, g, l gibi ünsüzler, ünlüler yanında ince ve kalın sıradan boğumlanma özellikleri de taşırlar.

10- Altay dillerinin hiçbirinde, kelime başında l,r,ve n ünsüzleri bulunmaz. Türkçe ve Moğolcada f fonemi de yoktur.

SESSİZ GEMİ

Artık demir almak günü gelmişse zamandan,
Meçhûle giden bir gemi kalkar bu limandan.

Hiç yolcusu yokmuş gibi sessizce alır yol;
Sallanmaz o kalkışta ne mendil ne de bir kol.

Rıhtımda kalanlar bu seyahetten elemli.
Günlerce siyah ufka bakar gözleri nemli.

Bîçâre gönüller! Ne giden son gemidir bu!
Hicranlı hayatın ne de son mâtemidir bu!

Dünyada sevilmiş ve seven nafile bekler;
Bilmez ki giden sevgililer dönmeyecekler.

Birçok gidenin her biri memnun ki yerinden,
Birçok seneler geçti; dönen yok seferinden.

Yahya Kemal BEYATLI

Metin İncelemeleri

17 Mendil Altında

1. Cavit Bey niçin uyuyamıyor?
2. Cavit Bey neye imreniyor?
3. Cavit Bey, uyumaya çalışırken neler düşünüyor?
4. Müsteşar, Cavit Beyi seviyor mu? Niçin?
5. Müsteşar, işten atılan memuru yeniden işe almasaydı, Cavit Bey neler yapardı?
6. Cavit Bey mebus olsa, ilk işi ne olurdu?
7. Hikâyede geçenler gerçek mi, hayal mi?

17 A   Türkçenin Dünya Dilleri Arasındaki Yeri

1. Türkçenin tarihi geçmişi kaç yıldır?
2. Türkçe hangi dil grubuna girer?
3. Ural ve Altay kolları kendi içlerinde müstakil bir aile oluşturabilecek durumda mıdır?
4. Altay dil ailesine hangi diller girmektedir?
5. G. J. Ramstedt'in Türkçe, Moğolca ve Tunguzca arasında yaptığı karşılaştırmalı çalışmalar hangi gerçekleri ortaya çıkarmıştır?
6. Altay dil ailesinin özellikleri nelerdir?

18

SEBZE YİYİCİLER

Ahmet HAŞİM

Avrupa yoluna çıktığım günden beri sebzeye hasret kalmıştım. Vapurdan itibaren gıdamız çeşitli kara ve deniz hayvanları etlerine ve içki olarak şaraptan oluşmaktaydı. Yalnız Fransa toprağı üzerinde yaşayanların boğazından, her gün, biftek, rustek, rozbif ve şatobrian şeklinde muazzam bir dana, öküz, domuz, keçi, at ve eşek sürüsü geçer ve Seine Nehri genişliğinde bir şarap nehri bu sürüyü aynı yoldan takip eder.

Gerçi bu beslenme tarzı beni, senelerden beri bilmediğim bir hazım cihazı sıhhatine kavuşturmuştu. Fakat buna karşılık vücudumda ruhumun tüylü, dişli ve tırnaklı bir yaratık şekline girdiğini hissetmek düşünceseyle rahatsız olmaya başlamıştım.

Bir gün, otelde tanıdığım bir İngilizle birlikte, nadir bir kitabın peşinden koşarken, Saint Germain Bulvarı'nın eski kitap satıcılarının merkezi olan yan sokaklardan birine saparken, vitrinine yemek listesini asan "Büyük Güneş" isimli bir lokanta, arkadaşımın dikkatini çekti. Durduk ve listeye göz gezdirdik. Tuhaf şey! Bu listede hiçbir et ismi geçmiyordu. Düşlediğim sebze cennetini nihayet bulmuştum.

Arkadaşım alay ederek bana veda edip gitti. Bense, sevinçle, sebze yiyiciler lokantasına girdim. Kalabalık içinden zorlukla boş bir masa bularak oturdum. Kendini hayli beklettikten sonra nihayet garson yanıma geldi. Bana garip bir eda ile gizlice sordu:

–Lokantımızın ne olduğunu biliyor musunuz?

–Evet.

–O halde yemeklerinizi ısmarlayınız.

Hiçbir canlı yaratığın hayatına mal olmayan ve ekşimiş hiçbir maddenin karışmadığı yemeklerden beğendiklerimi söyledim.

Bu sebze ve su cennetinin sakinleri ekseriyetle çok güzel, sıhhatli genç kızlar ve hiçbir hastalığın belirtilerini taşımayan genç adamlardı. Yalnız iç salonlarda, müneccim veya sihirbaz veyahut sanatkâra benzeyen, saçlı sakallı temiz fakat acayip kılıklı birtakım müşteriler vardı. Belli idi ki, bütün bunlar doktor tavsiyesiyle bitkisel bir rejim takibi için değil, sırf bir prensibin sevkiyle burada toplanmışlardı.

İçinde bir ibadet yerinin sükûn ve terbiyesinin hükûm sürdüğü bu lokantaya üç gün devam ettikten sonra bedenimin yavaş yavaş bir masum çocuk bedenine döndüğünü ve ruhumun artık zehirli ekşimelere sahne olmamaya başladığını zevkle hissettim. Dünyanın manzarası gözümde değişmeye başladı: Bütün istilacı milletler bana masum sebze yiyici milletlere musallat olmuş, kanlı ve uzun dişli bir canavar sürüsü şeklinde görünmeye başladı. Sömürge siyasetini et aramak hırsıyla izah etmeye başlıyordum. Fakat şunu da itiraf ediyorum ki, bütün faydalı hayat hırslarının sebebi ettir ve hareketi ağır sebze yiyiciler, etle beslenmeye alışıncaya kadar pençeli hayvanların aciz bir avı olmaya mahkumdur.

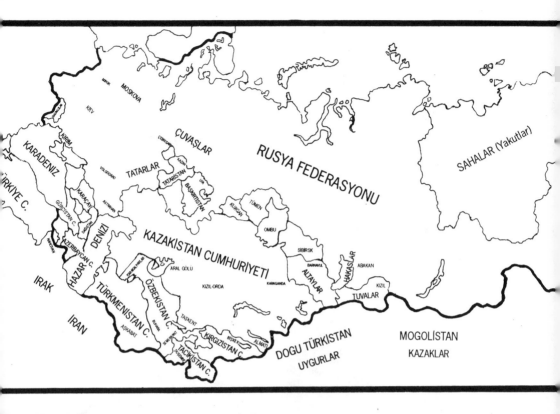

TÜRK DİLİNİN BUGÜNKÜ DURUMU VE YAYILMA ALANLARI

Ahmet B. Ercilasun

Türkler, dünya üzerinde çok geniş bir yer kaplar. Doğuda Moğalistan ve Çin içlerinden, batıda Yugoslavya içlerine; Kuzeyde Sibirya'dan Moskova yakınlarındaki Kazan şehrinden, güneyde Bağdat, Lübnan sınırı ve Kıbrıs içlerine kadar uzanan büyük coğrafyaya yayılmışlardır. 20-90 doğu boylamları ile 33-65 kuzey enlemleri arasında yer alan bu coğrafya, kuş uçuşu, doğudan batıya 6-7 bin, kuzeyden güneye 3 bin kilometrelik bir alanı içine alır. Bu alandaki şu devletler içinde Türkler yaşamaktadır: Moğalistan, Çin, Sovyetler Birliği, Afganistan, İran, Irak, Suriye, Kuzey Kıbrıs Türk Cumhuriyeti, Türkiye, Yunanistan, Bulgaristan, Yugoslavya, Romanya, Polonya.

Yönlere göre yapılan adlandırmada, Hazar'ın doğusunda kalan Türkler Doğu Türklüğü; Karadeniz, Kafkaslar ve Hazar'ın doğusunda kalanlar, Kuzey Türklüğü; aynı sınırların batısında ve güneyinde kalanlar, Batı Türklüğü olarak adlandırılır.

Bölgelere göre dünya Türklüğü şu şekilde ayrılmaktadır:

A. Batı Türklüğü

1. Türkiye Türkleri
2. Rumeli Türkleri *(Yunanistan, Bulgaristan ve Yugoslavya'da; ayrıca Moldovya ve Bulgaristan'daki Gagauzlar)*
3. Kıbrıs Türkleri
4. Suriye Türkleri
5. Irak Türkleri
6. Azerbaycan Türkleri *(Sovyetlerdeki Kuzey Azerbaycan, Gürcistan ve Ermenistan ile İran'daki Güney Azerbaycan'da).*

B. Doğu Türklüğü

1. Batı Türkistan Türkleri *(İran'ın Horasan bölgesinde, Afganistan'ın kuzeyinde ve Sovyetler Birliği'nde bulunan Türkmen, Özbek, Karakalpak, Kazak ve Kırgız Türkleri).*
2. Doğu Türkistan Türkleri *(Çin'in batı bölgesinde-Doğu Türkistan'da bulunan Uygur ve Kazak Türkleri).*

C. Kuzey Türklüğü

1. Sibirya Türkleri *(Yakutlar)*

2. Abakan Türkleri *(Hakaslar)*

3. Altay Türkleri

4. İdil-Ural Türkleri *(Kazan ve Batı Sibirya Tatarları, Başkurtlar, Çuvaşlar).*

5. Kafkas Türkleri *(Kafkasların kuzeyindeki Karaçay, Balkar, Nogay ve Kumuk Türkleri).*

6. Kırım Türkleri *(Özbekistan ve Romana'da).*

7. Karay Türkleri *(Polonya ve Litvanya'da).*

Bütün bu alanlarda konuşulan Türk dili üç lehçeye ayrılır:

1. Türkçe,

2. Yakutça,

3. Çuvaşça.

Yakutça ve Çuvaşça, Türk dilinin metinlerle takip edilebilen devirlerden daha önceki çağlarda ayrıldıkları ve ana Türk kitlesi ile temasları kesildiği için ayrı birer lehçe karakteri kazanmışlardır. Esasen Yakutça va Çuvaşça, yüzyıllar boyunca birer konuşma dili olarak kullanılmış, ancak 19. ve 20. yüzyıllarda yazı dili haline gelmiştir. Her iki lehçe için de Kiril Alfabesi kullanılmaktadır.

Yakutlar, Sibirya'da, batıdan doğuya, Katanga, Ölenek, Lena, ve Kamçatka'ya doğru Kolima ırmakları çevresinde yaşarlar. Bu bölge siyasi olarak, Sovyetler Birliği'ne bağlı Yakutistan Muhtar Cumhuriyeti adını alır. Başkenti Yakutsk'tur. Nüfusları yarım milyondur. Bunların 200.000'i şaman, 300.000'i müslümandır. Geri kalanı ortodoks yapılmıştır.Ancak onlarda da şaman gelenekleri devam etmektedir.

Çuvaşlar, Moskova ile Kazan arasında, İdil (Volga) Irmağı boylarında yaşamaktadırlar. Esas kitle Çuveşiztan Muhtar Cumhuriyetindedir. Tataristan ve Başkurdistan Muhtar Cumhuriyetlerinde yaşayanları da vardır. Çuveşistan'ın başkenti Çeboksarı'dır. Nüfusları yarım milyondur. 220.000'i Müslüman, gerisi ortodokstur.

Çeşitli şivelere ayrılan Türkçe için bugüne kadar pek çok sınıflandırma denemesi yapılmıştır. Bu denemeler çok teferruatlı ve birbirinden oldukça farklıdır. Hemen hemen her birinde ayrı bir ölçü kullanılmış, pek çoğunda tarihi Türk şiveleri ile bugünküler birbirine karışmıştır. Yazı dillerine göre yapılacak bir sınıflandırma hem daha sade olacak, hem de bugünkü durumu daha iyi yansıtacaktır.

Türk dilinin tarihi devirlerinde gördüğümüz gibi 13. yüzyıla kadar Türkçenin tek bir yazı dili vardı. Bazı yazı dili bütün Türkler için ortaktı. 13. yüzyılda Türk yazı dili, Kuzey-Doğu ve Batı olmak üzere ikiye ayrılmış ve 19. yüzyıla kadar bu şekilde gelmiştir. 6-7 asır boyunca, bütün doğu ve kuzey Türklüğü Kuzey-Doğu Türkçesini; bütün batı Türklüğü de Batı Türkçesini kullanmışlardır. Rus ve Çin istilasından sonra, 19. y.y.'da, Batı kolu içinde Azeri; Kuzey-Doğu kolu içinde Kazan dilleri ayrı yazı dilleri haline gelmeye başlamış; 1917 Bolşevik ihtilalinden sonra ise başlıca Türk ağızları ayrı yazı dilleri haline getirilmiştir. Böylece ortaya çıkan bugünkü yazı dilleri şu şekilde sınıflandırılabilir:

A. Batı Türkçesi *(Güney-Batı Türkçesi)*

1. Türkiye Türkçesi
2. Gagauz Türkçesi
3. Azerbaycan Türkçesi
4. Türkmen Türkçesi

B. Kuzeydoğu Türkçesi (Doğu Türkçesi)

1. Özbek Türkçesi
2. Uygur Türkçesi
3. Kazak Türkçesi
4. Karakalpak Türkçesi
5. Kırgız Türkçesi
6. Kazan Türkçesi
7. Başkurt Türkçesi
8. Kırım Türkçesi
9. Nogay Türkçesi
10. Karaçay Türkçesi
11. Malkar Türkçesi
12. Kumuk Türkçesi
13. Altay Türkçesi
14. Hakas Türkçesi
15. Tuve Türkçesi

Bugünkü Türk yazı dillerinin kullanıldığı bölgeler ve bunları kullanan Türklerin sayıları şöyledir:

A. BATI TÜRKÇESİ (GÜNEY-BATI TÜRKÇESİ)

1. Türkiye Türkçesi

Türkiye'de	:	55.000.000
Irak'ta	:	1.100.000
Suriye'de	:	120.000
Kıbrıs'ta	:	150.000
Yunanistan'da	:	150.000
Bulgaristan'da	:	1.500.000
Yugoslavya'da	:	110.000
S.S.C.B'de	:	207.000
Avrupa, Amerika, Okyanusya		
ve Arap ülkelerinde (T.C. vatandaşı)	:	4.100.000
Toplam	:	**62.437.369**

2. Gagauz Türkçesi

Sovyetler Birliği (Moldavya'da, az bir kısmı Ukrayna'da)	:	197.164
Romanya ve Bulgaristan'da	:	50.000
Toplam	:	**247.164**

3. Azerbaycan Türkçesi

Kuzey Azerbaycan'da (Azerbaycan ve ve Gürcistan S.S.C.B'de)	:	6.791.106
Güney Azerbaycan'da (İran)	:	18.000.000
Toplam	:	**24.000.000**

4. Türkmen Türkçesi

Sovyetler Birliği'nde	:	2.718.297
Horasan'da (İran)	:	1.000.000
Afganistan ve Pakistan'da	:	300.000
Toplam	:	**4.018.297**

B. KUZEY-DOĞU TÜRKÇESİ (DOĞU TÜRKÇESİ)

1. Özbek Türkçesi

Sovyetler Birliği'nde	:	16.686.240
Afganistan ve Pakistan'da	:	2.000.000
Toplam	:	**18.686.240**

2. Uygur Türkçesi

Doğu Türkistan'da (Çin)	:	8.000.000
Sovyetler Birliği	:	262.199
Toplam	:	**8.262.199**

3. Kazak Türkçesi

Sovyetler Birliği'de	:	8.137.878
Doğu Türkistan'da	:	1.000.000
Toplam	:	**9.137.878**

4. Karakalpak Türkçesi

Sovyetler Birliği'nde	:	**423.436**

5. Kırgız Türkçesi

Sovyetler Birliğin'de	:	2.530.998
Doğu Türkistan'da (Çin)	:	100.000
Toplam	:	**2.630.998**

6. Kazan (Tatar) Türkçesi

Sovyetler Birliği'nde	:	**6.645.588**

7. Başkurt Türkçesi

Sovyetler Birliği'nde	:	**1.449.462**

8. Kırım Türkçesi

Sovyetler Birliği'nde	:	268.739
Romanya'da	:	30.000
Toplam	:	**298.739**

9. Nogay Türkçesi

Kuzey Kafkasya'da	:	**75.564**

10. Karaçay Türkçesi

Kuzey Kafkasya'da	:	**156.140**

11. Malkar Türkçesi

Kuzey Kafkasya'da	:	**88.771**

12. Kumruk Türkçesi

Kuzey Kafkasya'da	:	**282.178**

13. Altay Türkçesi

Sovyetler Birliği'nde	:	**71.317**

14. Hakas Türkçesi

Sovyetler Birliği'nde	:	81.428
Kansu Eyaleti'nde	:	70.000
Toplam	:	**151.428**

15. Tuva Türkçesi

Sovyetler Birliği'nde	:	206.924

Moğalistan'da	:	130.000
Toplam	:	**336.924**

Bunlardan Altay ve Sovyetlerdeki Tuva-Hakas Türkleri Şaman, Gagavuzlar Ortodorks, Kansu eyaletindeki Sarı Uygurlar Budist, diğerlerinin tamamı Müslümandır. Bunlardan başka, yazı dilleri bulunmayan, şiveleri Kuzey-Doğu Türkçesine giren, Polonya ve Litvanya'da yaşayan 6.000 Türkü Museviliğin Karay mezhebindendir.

Yukardaki rakamlara 1.839.228 Çuvaş ve 328.255 Yakut Türkünü de eklersek, dünyada Türkçe konuşanların sayısı, 142.418.281 olur.

Bu nüfusun dinlere göre dağılımı şöyledir:

Müslüman	:	139.383.965	(% 97.9)
Ortodoks	:	2.086.392	(% 1.96)
Şaman	:	871.924	(% 0.6)
Budist	:	70.000	
Musevi	:	6.000	
Toplam	:	**142.418.281**	

Türkiye, Kıbrıs, Yunanistan, Bulgaristan ve Yugoslavya'daki Türkler Türkiye Cumhuriyetinin resmi alfabesini; Sovyetler Birliğindeki Türkler, Kiril harflerine dayalı alfabeler; Çin, İran ve Irak'taki Türkler Arap harflerine dayalı Türk alfabeleri kullanmaktadırlar.

Yukarıda sıralanan Türk yazı dillerinden Türkiye Türkçesine en uzak olanları Altay-Hakas ve Tuva-Hakas Türkçeleridir. Bunun sebebi hem coğrafi uzaklık, hem de din farklılığıdır. Esasen Altay-Hakas Türkçeleri, asırlarca sadece konuşma dili olarak kullanılmış, ancak son yıllarda yazı dili haline getirilmiştir.

Türkçenin Kuzey-Doğu koluna giren yazı dilleri kendi aralarında, Batı koluna giren yazı dilleri de kendi aralarında birbirlerine çok yakındır. Mesela bir Azeri Türkü ile bir Türkiye Türkü daha ilk karşılaşmalarında yüzde seksen-doksan ölçüsünde anlaşabilirler. Türkiye'ye gelen bir Azeri veya Azerbaycan'a giden bir Türkiye Türkü en geç bir hafta içinde yüzde yüze yakın bir bir anlaşma seviyesine ulaşır. Nitekim İran'dan gelip Türk Üniversitelerine giden Azeri gençleri Türkiye Türkçesiyle verilen dersleri fazla güçlük çekmeden takip edebilmekte İran'a giden Türkiyeli Tır şoförleri de aynı şekilde oradaki Türklerle çok kısa zamanda anlaşabilmektedir. Kuzey - Doğu koluna giren mesela Özbek ile Uygur Türkçesi yahut Kırgız Türkçesi ile Kazak Türkçesi arasındaki durum da aynıdır. Gerçekte Türkçenin Kuzey-Doğu ve Batı olmak üzere iki yazı dili vardı. Diğerleri aslında birer "ağız", birer "konuşma dili" iken, son asırda sun'i olarak yaratılmış yazı dilleridir. Bunlar arasındaki temaslar kesilmekte, her biri-

140

nin ağız malzemesi olan gramer şekilleri ve kelimeler yazılı eserlere geçirilmekte, böylece farklılıklar arttırılmağa çalışılmaktadır. Bunun yanında, Türkiye Türkçesinde meydana getirilen yeni kelimeler hemen hemen bütün Türk yazı dillerinde vardır; fakat *yaşamı* ve *beğeniyi* hiçbiri tanımaz. 1920'lerden itibaren "ağız"ları ayrı yazı dilleri haline getirilen Türk zümrelerinin birbiriyle temasları da kesilerek anlaşma imkanları kaldırılmak istenmiştir. Söz gelişi Muğla ağzında bulunan *"gelibatı, gidibatı, alıyomas"* gibi şekiller ve yazı dilimizde bulunmayan Muğla ağzına mahsus yüzlerce kelime gazetelere, dergilere, kitaplara geçirilerek ayrı bir yazı dili oluşturulsa ve bu dili kullananlar bizlere elli yıl temas ettirilmese anlaşmayı az çok zorlaştıran bir durum ortaya çıkar. Aslında Azeri Türkçesi ile Türkiye Türkçesi arasındaki fark, hemen hemen Muğla ağzı ile yazı dilimiz arasındaki fark kadardır. Hatta Doğu Karadeniz ağzı daha da farklıdır; Rizeli *celdim*, Azeri Türkü *geldim* der. Bugün, aradaki temas kopukluğu yavaş yavaş ortadan kalkmaktadır. Sovyetler Birliğindeki Türk boylarının kendi aralarındaki temaslar 1950'lerden itibaren gittikçe fazlalaşmıştır. 1970'lerden beri dış ülkelerle ve Türkiye ile temaslarlı da artmaktadır.

Daha 13. yüzyılda iki ayrı yazı dili haline gelmiş bulunan Batı Türkçesi ile Kuzey-Doğu Türkçesi arasındaki fark biraz daha fazladır. Ancak, bu ayrılık da anlaşmayı tamamen ortadan kaldıracak kadar değildir. Çeşitli sebeplerle Türkiye'ye gelmek zorunda kalan Kazak, Uygur, Özbek Türkleri; en geç bir ay içinde Türkiye Türkçesini anlar hale gelmekte; bulundukları sınıflara intibak ettirilen çocuklar fazla güçlük çekmeden dersleri takip edebilmektedirler. Yabancı bir dil konuşanlar için bu intibak mümkün değildir.

Türk dilinin bugünkü durumu ve yayılma alanları genel çizgileriyle böyledir. Ancak birkaç noktayı daha belirtmek gerekir.

Rumeli Türklerinin, yukarıda nüfusu belirtilenlerin dışındaki büyük ekseriyeti Türkiye'ye göçmüş bulunmaktadır. Göçlerin önemli bir kısmı 1877-78 Türk-Rus savaşı, 1912 Balkan savaşı ve 1923'ten sonraki mübadele anlaşması sonunda olmuştur. Daha sonraki çeşitli ikili anlaşmalarla da çok sayıda Rumeli Türkü gelmiştir. 1912'den önce Bulgaristan ve Batı Trakya'daki Türklerin sayısı, şimdi oralarda bulunan milletlerin sayısından fazla idi. Yunanistan'ın Batı Trakya Bölgesinde ve Ege adalarında kalan 190.000 kadar Türk ile Kıbrıs ve Yugoslavya'daki Türkler, Türkiye Cumhuriyetinin resmi alfabesini ve yazı dilini kullanmaktadırlar. Sayıları birbuçuk milyonu geçen Bulgaristan Türklerinin elinden bu hak şimdi alınmış bulunmaktadır.

Irak Türkleri yazı dili olarak Türkiye Türkçesini kullanırken Arap harfli Türk alfabesi ile yazmakadırlar. Bu ara kullandıkları ve "kardaşlık" dergisinde uyguladıkları Türkiye Cumhuriyeti alfabesini yarı yarıya kullanma hakkı, ellerinden alınmıştır. Irak Türklerinden de Türkiye'ye göçenler bulunmaktadır.

Suriye'nin kuzeyinde ve Lazkiya bölgesinde yaşayan Türklerin herhangibir neşriyatı yoktur. Türkiye Türkçesini Güney-Doğu ağızlarına yakın bir ağızla konuşurlar.

İran'daki Azeri Türkleri şahlık rejiminin sonuna kadar yayın faliyetinde bulunamıyorlardı. 1978'den beri Azeri Türkçesiyle gazete, dergi ve kitap çıkarmakta ve radyo neşriyatı yapmaktadırlar. Kullandıkları alfabe, Arap harfli Türk alfabesidir.

Kırım Türkçesi aslında Kuzey-Doğu Türkçesinin bir kolu olmakla birlikte Kırım, 1475-1774 yılları arasında 300 yıl Osmanlı idaresinde kaldığından büyük ölçüde Batı Türkçesinden etkilenmiştir. 1783 yılında Rus hakimiyetine giren Kırım Türklerinin büyük çoğunluğu muhtelif tarihlerde Romanya ve Türkiye'ye göçmüşlerdir. Bu ülkelerin her birinde sayıları birkaç yüzbine ulaşan Kırımlı vardır. Türkiye'dekiler konuşma dili olarak Kırım Türkçesini halâ kullanmakta, yazı dili olarak Türkiye Türkçesine bağlı bulunmaktadırlar. Kırımlılardan tahminen 40-50 bin kişilik bir grup da ABD ve Kanada'da yaşamaktadır. Kırım'da kalanlar, İkinci Dünya Savaşı sonlarında 1944 Mayısında yurtlarından çıkarılarak Sibirya ve Türkistan'a sürülmüşlerdir. Şimdi pek çoğu Özbekistan'ın başkenti Taşkent civarında yaşamakta ve kendilerine tahsis edilen Kiril alfabesi ile yazı dillerini geliştirmeye çalışmaktadırlar. 70.000 kadar Kırım Türkü Kırım'a dönmüş bulunmaktadır.

Rus hakimiyetinden sonra, geçen asrın ikinci yarısında, Kuzey Kafkasya'daki bazı Karaçay ve Kumuk Türkleri de Anadolu'ya göçmüştür. Anadolu'da 15 kadar köye yerleşen Karaçaylarla 3-4 köylük Kumuklar kendi ağızlarını konuşma dili olarak hala kullanmaktadırlar.

Kafkasya'daki Karaçay ve Balkar Türkleri 1944 yaşlarında Sibirya'ya sürülmüş, 1958'de tekrar yurtlarına dönmelerine izin verilmiştir. Bir kısmı halâ sürgünde bulunmaktadır.

1989 nüfus sayımında Sovyetler Birliği'nde 207.369 kişi de Türk gösterilmiştir. Sovyetler Birliği'nin resmi politikasında oradaki Türk boylarının Türk olduğu kabul edilmemekte; her biri Özbek, Kazak, Azeri vb. adlarla ayrı millet sayılmakta; dilleri de ayrı diye kabul edilmektedir. Nüfus sayımında Türk olarak geçen 207.369 kişi ise Podsof (Kars) sınırına yakın bölgelerde oturan Ahıska (Meshet) Türkleridir. Önemli bir kısmı halen Taşkent civarında yaşamaktadır.

1917 Bolşevik ihtilalinden sonra Ruslarla oradaki Türkler arasında meydana gelen ve 10-15 yıl kadar süren Korbaşılar harekatı (Basmacılar) adlı savaşlar sonunda bir miktar Özbek, Türkiye'ye iltica etmiştir.

Muhtelif tarihlerde Kuzey ve Güney Azerbaycan'dan Türkiye'ye göçmüş birçok Azeri de halen Türkiye'de yaşamaktadır.

Uzun mücadeleler sonunda Doğu Türkistan'da 1944-1949 yılları arasında "Şarki Türkistan Cumhuriyeti" kurulmuş, fakat bu Türk Cumhuriyetinin Çinliler tarafından şiddetle tenkil edilmesi üzerine birkaçbin Kazak ve Uygur 1953-54 yıllarında Pakistan ve Hindistan üzerinden Türkiye'ye iltica etmişlerdir. Bir kısmı ise Suudi Arabistan'a göçmüştür.

Son yıllarda Afganistan'da meydana gelen olaylar, Güney Türkistan denilen Afgan Türkistanındaki Özbek, Türkmen, Kazak ve Kırgızların önemli bir kısmının (bir milyondan fazla) Pakistan'a sığınmasına yol açmıştır. Bunlardan 5.000 kadarı Türkiye'ye göçmen olarak kabul edilmiştir.

Nihayet Türkiye Türklerinden dört milyon kadar insanın başta Almanya olmak üzere Avrupa ve Arap ülkelerine, hatta Amerika ve Avustralya'ya çalışmak üzere gittiklerini, bir kısmının oralarda kaldıklarını kaydetmek lazımdır. Kıbrıs Türklerinin önemli bir bölümü de Türkiye'ye göçmüş, 80.000 kadarı ise İngiltere'ye yerleşmişlerdir.

Görüldüğü gibi Türkler ve Türk dili tarihte olduğu gibi, bugün de durgun değil, çok geniş bir alan içinde, çok hareketli bir manzara arz etmektedir.

18 B

BANA MI İNANACAKSIN EŞEĞE Mİ?

Biri gelip, Hoca'dan eşeğini ister:

- Hocam sıkıştım, bana birkaç saatliğine eşeğini verir misin?

Hoca, adamı savmak için:

- Eşek yok burada, olsa verirdim der.

Tam bu sırada eşek ahırda anırmaya başlar. Adam sevinir. Umutla:

- Hocam bak, eşek, içerde.

Hoca'da cevap hazır :

- Yazıklar olsun sana komşum! Ak sakalımla bana inanmıyorsun da, demek eşeğe inanıyorsun!

Metin İncelemeleri

18 Sebze Yiyiciler

1. Yazar, niçin sebzeye hasret kalıyor?
2. Yazar, yeni beslenme tarzından sonra kendini nasıl hissediyor?
3. Yazar, niçin et yemekleri yemek istemiyor?
4. Lokantaya gelen müşteriler yazarda nasıl bir izlenim uyandırıyor?
5. Sebze ve et yemeklerinin insan psikolojik yapısı üzerine etkileri var mıdır?

18 A Türk Dilinin Bugünkü Durumu ve Yayılma Alanları

1. Türkler nerelerde yaşamaktadır?
2. Bölgelere göre dünya Türklüğü hangi gruplara ayrılır?
3. Türk Dili hangi lehçelere ayrılır?
4. Türkçeyi toplam kaç milyon insan konuşmaktadır?
5. Türkiye Türkçesine en yakın Türk lehçeleri hangileridir?
6. Türklerin çoğu niçin ülkelerinden göç etmişlerdir?
7. Sovyetler Birliği'nde Türkler niçin ayrı birer millet gibi gösterilmiştir?

Tartışma ve Yazma Konusu

1. İnsanın ruh ve beden sağlığı için sebze ve meyveler mi, yoksa et mi daha yararlıdır?
2. Tüm Türklerin aynı alfabeyi kullanmalarının ne gibi yararları vardır?

YAYLA

Falih Rıfkı ATAY

Yayla, Orta Anadolu dağlarının düzü demektir. Bu yayla üstünden bütün tarih geldi geçti; destanlar suyunu içti, masallar koynunda büyüdü.

Anadolu'da boş yayla, kuru yayla, geniş, havalı, tükenmez güneşli yayla, dayanıklı, sağ ve sağlam yetiştirir.

Buğdayı dayanıklı, sağlam ve serttir. İnsanı da öyledir: Yayla karakter yetiştirir.

Yayla adamı toprağı gibi dışından sönük, içinden uyanık, içinden derin, içinden duyumludur. Yaylanın suyu kazılarak çıkar. Yayla insanını da kazmak gerektir. İnsan, kendisinin derinliklerindendir. Yayla insanı, ruhunun dipleri karıştırılıncaya kadar coşmaz.

Yayla nasıl sessiz görünürse, insanı da durgun, vurdum duymaz görünür. Yayla havası gibi, yayla adamının, toplaya toplaya, biriktire biriktire, sindire sindire, aldığı bir hız vardır ki, yayla fırtınası gibi, birden boşanır: Taş uçurur, çatı koparır, baca yıkar, kök söker.

Yayla buğdayı, olmayacakmış gibi ağır ağır yetişir. Çünkü içinden özlenir. Adamı da öyledir: Kuru, kısa, harap ve bitkin görünür. Onda kuvvet sinire, enerji ruha gider. Yayla adamı tuttuğunu bırakmaz; tuttuğu yerden koparılmaz. Şüphesiz siz de gördünüz, Ankara'da bir arşın boyundaki ağacın kökü, derinlerde ve uzaklardadır. Bir çekişte sökülecek sanılır: Kökü ayıklanmakla bitmez.

Yaylanın sesi kuru, gözü boş, fakat içi yanık, türküsü yaslıdır: Yayla için için ağlar, bütün suları için için aktığı gibi...

Yaylada, bütün kıyılarımız bucaklarımız gibi, Anadolu'nun yalnız vurur silahı değil, duyar yüreği, özler gözü, ister gönlüdür. Geç duyar, geç ister, geç söyler: Fakat onun içine varabilen, bir büyük davanın sinirine, gönlüne, gözüne ve yüreğine kavuşmuş demektir.

Adamı da toprağı gibi, uzun uzun bakıldıktan, açıldıktan, sürüldükten sonra yeşerir.

Yayla yavaş değil, sabırlıdır. Ağır değil, temkinlidir. Çıplak değil, kapalıdır.

Yayla, Türk'ün beşiği idi. Son sınırı da o olmuştur. Yayla biraz Türk'ün kendisidir.

BAŞKA GEZEGENLERDE HAYAT

"İNSANOĞLU SAMANYOLU"nda yalnız mıdır?" 20. yüzyılın başında bazı gökbilimciler bu sorunun cevabını bildiklerine inanıyorlardı. Teleskoplarını Merih'e çevirdiler. Bu gezegende bazı anlamlı işaretler gördüklerini düşünüyorlardı.

Onlara göre Merih'te ölmek üzere olan bir ırk, bu gezegenin yanıp kavrulan çöllerine karşı son yaşam savaşını veriyordu...

Merih'te sulama kanalları

Gökbilimciler, Merih'te kanallar gördüklerini iddia ettiler. Bu sulama kanalları gezegenin kutuplarından ekvatoruna su taşımak üzere yapılmıştı.

İlk kez, uzayda bir zekânın var olduğu varsayımını destekleyecek bir kanıt bulunmuş gibiydi. Bu dünya kamuoyunu âdeta yerinden oynattı.

Mariner 4 uzayda

Uzayda olabilecek bir zekâya karşı ilgi giderek artıyordu. Birçok bilimsel kuruluş, diğer gezegenlerde, zekâsı olan canlı varlıkları aramak üzere büyük yatırımlar yapmaya başladı.

Amerika'nın 1965 yılında Mariner 4 uzay gemisini uzaya fırlatması ilk önemli adımdır. Bu konuda Amerika Uzay Araştırmaları Merkezi NASA'nın bir sözcüsü şöyle dedi:

"Programımızın başlıca amaçlarından biri, diğer gezegenlerde hayat olup olmadığını aramaktır..."

Fotoğraflar geliyor

Mariner 4'ün kameraları Merih'e çevrilmişti Alınan fotoğraflar radyo sinyalleri aracılığı ile dünyaya gönderiliyordu. Bu fotoğraflar hiç beklenmedik ve düş kırıklığı yaratan bir gerçeği ortaya koydu. Merih, Dünya'dan çok, Ay'ın yüzeyini andıran bir biçimde kraterlerle doluydu. Görünüşte hayatla ilgili hiçbir belirti yoktu.

Mariner 9

1975 yılında Amerika'nın Viking 1 uzay aracı Merih'e indi. Bu olay uzay çalışmalarından en güç teknik başarılardan birinin gerçekleşmesiydi. O zamanlar bir NASA sözcüsü bu konuda şöyle konuşmuştu:

"Viking I'in Merih'e inişi ile dünya haklarının uzay bilimine olan ilgisi çok büyük ölçüde artacaktır."

Viking I'in içinde küçük fakat çok güçlü bir laboratuvar vardı. Bu laboratuvarın çalışması Dünya'dan kumanda ediliyordu.

Ne yazık ki, Viking I gibi bir aracı Merih'e indirdikten sonra, bir parça toprak alıp tekrar Dünya'ya döndürmek mümkün değildi. Bu yüzden laboratuvar incelemesini orada yapacak, Dünya'ya sonuçlarla ilgili bilgi gönderecekti.

Bilim adamları Merih toprağında canlı organizmalar saptayabilmek umudundaydılar. Oysa Viking I tarafından yapılan deneylerin tümü olumsuz sonuç verdi. Bu şartlarda, eğer Merih'te hayat varsa, bu hayatın çok ilkel olduğu sonucuna varıldı.

Zekâsı olan canlı varlıklar konusun gelince, herhalde NASA onları, başka bir gezegende aramak zorunda kalacaktı!

Yaşamın ortaya çıkışı

Merih'te canlı bulma çalışması böylelikle başarısızlıkla sonuçlandı. Bazı kimselerin uzayda zekâsı olan canlılar bulunması konusundaki inançları sarsıldı. Diğer gezegenlerde hayat aramanın anlamsız olduğunu düşünmeye başladılar.

Onlara göre, insanoğlu Dünya'da yalnızdı. Sadece Dünya, hayatın sürdürülmesini sağlayan özelliklere sahipti. Fakat 1935 yılında Amerikalı Kimya Profesörü Stanley Miller tarafından yapılmış olan deneyin sonuçları incelendiğinde gerçeğin böyle olmadığı ortaya çıktı.

Prof. Miller'ın deneyinde, şimşek biçiminde yapay elektrik akımları özel bir bileşimden geçirilmişti. Bu bileşim, su, amonyak, metan ve hidrojenden oluşuyordu. O zaman Dünya'nın atmosferinin bu maddelerin bileşiminden oluştuğunu inanılıyordu.

Bir hafta sonra bu bileşimde hayat için gerekli olan en basit iki aminoasit oluştu. Çağdaş araştırmalarla daha sonra yapılan buluşlar Dünya'nın atmosferinin daha eskiden, gerçekten de karbondioksit ve sudan oluştuğunu ortaya koymuştur.

Prof. Miller'ın deneyi karbondioksit, su ve içlerindeki çok az miktarda nitrojen bulunan bileşimler kullanılarak yapıldığında da aynı sonuç elde edildi. Yine basit aminoasitler oluştu.

Burada açıkça ortada olan bir sonuç vardı. Bazı basit şartlar altında bu karmaşık moleküller her zaman oluşmaktaydı. Yani, canlı organizmaların ortaya çıkması sürecinin başlatılması için, hiç de gizemli bir madde gerekmiyordu. Dünya gibi gezegenlerde de hayatın birdenbire ortaya çıkmaması için bir neden yoktu.

Gezegenlerde hayat

Amerikalı Gökbilimci Dr. Carl Sagan uzay araştırmaları alanında en önemli bilimadamlarından biridir. Sagan, Samanyolu'nda Dünya gibi ve dolayısıyla da canlı varlıkların yaşabileceği on binlerce gezegen olabileceğini belirtmekteydi.

Gerçek hayatın ortaya çıkmasıyla moleküllerin oluşmasını sağlayan zincirin halkaları olağanüstü karmaşıktır. Aynı zamanda da önceden bilinemeyen uygun şartların birbirleriyle bağlantılarına dayanır. Bu nedenle, biyologlar, uygun şartların var olduğu her 10 gezegenden yalnızca bir tanesinde hayat olabileceği sonucuna varmışlardır.

Bu sonuç bile abartmalı olabilir. Akıllı canlı varlıkları barındıran bir gezegenin aranması çok uzun ve çok ince bir iştir.

Uygarlıkların yok olması

İşin bir de şu yanı var. Bir gezegende hayat olmayabilir. Bu, o gezegende hiçbir zaman hayat olmamış, demek değildir.

Çünkü akıllı varlıkların ortaya koydukları çok gelişmiş bir uygarlığın bile, şu veya bu nedenle yok olması söz konusudur.

Belki Merih'te önceden bir uygarlık vardı da sonradan yok oldu. Bunu kesin olarak kim bilebilir?

Uygarlıkların süresi

Gezegenlerde uygarlıklar ortaya çıktığı, fakat bunların çok kısa sürdüğü hakkında teoriler var. Gelişmiş bir uygarlığın ne kadar süre varlığını koruyacağı da değişik yollarla hesaplanmıştır.

Amerika'da Kolorado'da Boulder'daki Fiske Gözlemevinde çalışan bir radyogökbilim araştırma mühendisi çok ilginç görüşler ortaya attı. Gerrit Verschuur adındaki bu bilimadamı, gezegenlerde olduğu kabul edilen uygarlıklar hakkında araştırmalar yapmıştı.

Verschuur'a göre, eğer bu gezegenlerdeki uygarlıklar çok uzun süre yaşamadan ortadan kalkıyorlarsa, o zaman tüm Samanyolu'nda 10 veya 20'den fazla uygarlık olamaz.

Hesaplar Dünya'ya en yakın uygarlığın, Dünya'ya en az 2000 ışık yılı uzakta olduğu göstermektedir. Bu şartlarda, o uygarlığa ulaşmak imkânsızdır.

Verschuur, eğer uygarlıkların yaşantılarının kısa olduğu kabul edilirse, o zaman Dünya'nın Samanyolu içinde, bu sırada tek uygarlık olduğunun kabul edilmesi gerektiğini de belirtmektedir.

Uygarlıkların yaşantılarının 10 milyon yıl gibi çok daha uzun bir süre olduğu kabul edilse bile, iletişim kurulabilecek topluluklar en az 100 ışık yılı uzakta olacaktır. Verschuur biraz da umutsuzca şöyle demektedir:

"Belki şu anda bir yerlerde bir takım uygarlıklar var. Işık hızı ile giden araçlar yapıp onlara doğru yola çıksak bile, biz oraya ulaşmadan yok olacaklardır. Çünkü çok uzaktalar ve uygarlıklar ise kısa ömürlü..."

Uzaydan gelecek işaretler

Fakat tüm bunlar birer varsayımdır. Uzayda başka akıllı varlıkların bulunup bulunmadığını belirlemenin tek yolu, uzaydan gelecek işaretleri aramaktır.

Bu konu 1959 yılında Philip Morrison ve Guiseppe Cocconi adlarındaki iki fizikçi tarafından ortaya atıldı.

Bu bildiride, gezegenlerarası bilgi alışverişi için radyo konusunda uzmanlaşmış gökbilimcilerin araştırma yapmaları gerekliliğinden söz ediliyordu. Bu nokta hâlâ önemini korumaktadır.

Uçandaireler

Dünya'nın uzaydakilerle ilişki içinde olduğu inancı giderek yaygınlaşmakta ve Dünya'nın uzaylılar tarafından ziyaret edildiği görüşü benimsenmektedir.

Böyle bir bakış açısı uçandairelerin görülmesine dayanmaktadır. Uçandairelerin ise ne oldukları kesin olarak belirlenebilmiş değildir. Bunların gezegenler arası dolaşan uzay gemileri olduğuna inanılıyor.

Her yıl, hemen her ükede uçandairelerle ilgili binlerce rapor verilmektedir.

Bazıları hileli olsa bile büyük bir kısmı açıklanamamaktadır. Bu konu esrarını korumaktadır.

Hissediyorlar

Dünya dışında bir gezegende hayat olup olmadığı kesin olarak bilinmiyor. Fakat, bugün her ülkede insanların büyük çoğunluğu Dünya dışı bir yaşantının varlığına inanıyor.

Hatta buna "inanıyor" demek de belki yanlış. Açıklaması biraz zor ama, insan başka Dünyalarda hayat olduğunu "hissediyor..."

İşin garip tarafı bu his, sıradan diye tanımlanan, yani resmî görevli ya da bilim adamı olmayan insanlar arasında daha yaygın. Acaba bu his nereden geliyor?

Belki de bunun kaynağına inebilsek, "başka Dünyalarda hayat olup olmadığı" sorusunun cevabını daha kolay bulacağız...

MEMLEKET İSTERİM

Memleket isterim
Gök mavi, dal yeşil, tarla sarı olsun;
Kuşların çiçeklerin diyarı olsun.

Memleket isterim
Ne başta dert, ne gönülde hasret olsun;
Kardeş kavgasına bir nihayet olsun.

Memleket isterim
Ne zengin fakir, ne sen ben farkı olsun;
Kış günü herkesin evi barkı olsun.

Memleket isterim
Yaşamak, sevmek gibi gönülden olsun;
Olursa bir şikâyet ölümden olsun.

Cahit Sıtkı TARANCI

Metin İncelemeleri

19 Yayla

1. Yayla ne demektir?
2. Yayla adamı nasıldır?
3. Yayla ile yayla adamı arasında nasıl bir ilişki vardır?
4. Yayla niçin biraz Türk'ün kendisidir?

19 A   Başka Gezegenlerde Hayat

1. Merih'te hayat olup olmadığına dair ne gibi araştırmalar yapılmıştır?
2. Prof. Miller'in araştırmaları nasıl bir sonuca ulaşmıştır?
3. Gerrit Verschuur'un uzaydaki uygarlıklar konusunda görüşleri nelerdir?
4. Gezegenler arası bilgi alışverişi nasıl sağlanabilir?
5. Sizce uçan dairelerin varlığı doğru mudur?
6. Başka gezegenlerde hayat olup olmadığı konusunda sizin görüşünüz nedir?

Tartışma ve Yazma Konusu

1. *Yayla niçin Türk'ün beşiğidir?*
2. *Başka gezegenlerde hayat olup olmadığını araştırmanın ne gibi yararları vardır?*

DUHA KOCA-OĞLU DELİ DUMRUL BOYU

Dede KORKUT

Dede Korkut hikâyeleri, on dördüncü yüzyılda Türklerin yaşayışlarını, gelenek ve göreneklerini anlatması bakımından çok önemlidir. Ayrıca yedi yüz yıl önce yazıldığı halde, bu hikâyelerin bugün de anlaşılır olması bir dil mucizesidir. Aşağıda okuyacağınız hikâyede Deli Dumrul'un başından geçenler anlatılmaktadır.

Deli Dumrul, insanların canını alan Azrail'i öldürmek ister. Bir gün arkadaşları ile oturduğu sırada Azrail ona görünür. Deli Dumrul, Azrail'i görünce çok korkar, ama yine de onunla savaşmak ister. Azrail, güvercin olur, uçar. Deli Dumrul, güvercin kılığındaki Azrail'i avlamak için doğru kuşunu alır, atına atlar, Azrail'in peşine düşer. Azrail, Deli Dumrul'un atına gözükür. At ürker, Deli Dumrul yere düşer. Azrail, Deli Dumrul'un canını almak için göğsünün üzerine oturur. Deli Dumrul, canını almaması için Azrail'e yalvarır. Azrail de onun Tanrı'ya yalvarmasını söyler. Deli Dumrul, Tanrı'ya yalvarır. Tanrı Azrail'e Deli Dumrul canı yerine başka bir can bulursa, onu almasını ve Deli Dumrul'u bağışlamasını söyler. Deli Dumrul anne ve babasına gider. İkisi de canını vermez. Bunun üzerine ölümü kabul eder, eşiyle vedalaşmaya gider. Eşi canını verir. Bu sevgi ve bağlılık Tanrı'nın hoşuna gittiği için Deli Dumrul'u ve eşini bağışlar.

Hânım hey! Meğer hânım, Oğuz'da Duha Kocaoğlu Deli Dumrul derlerdi, bir er vardı. Bir kuru çayın üzerine bir köprü yaptırmıştı, geçenden otuz üç akça alırdı, geçmeyenden döğe döğe kırk akça alırdı.

Bunu niçin böyle ederdi? Onun için ki benden deli, benden güçlü bir er var mıdır ki, çıka benimle savaşa derdi. Benim erliğim, bahadırlığım, cılasınlığım, yiğitliğim Rûm'a, Şam'a gide, ün sala derdi.

Meğer bir gün köprüsünün yamacında bir bölük oba konmuştu. O obada bir yahşı güzel yiğit sayru düşmüştü. Allah buyruğuyla o yiğit öldü. Kimi oğul deye, kimi kardaş deye ağladı. O yiğidin üzerine büyük yas oldu.

Ansızın Deli Dumrul sürüp geldi:

- Bre kavatlar, ne ağlarsınız? Benim köprüm yanında bu gürültü nedir? Neye yas tutarsınız? dedi.

-Hânım, bir yahşı yiğidimiz öldü, ona ağlarız, dediler.

Deli Dumrul:

-Bre yiğidinizi kim öldürdü? dedi.

-Vallahi bey yiğit, Allahu Taâlâdan buyruk oldu, al kanatlı Azrail o yiğidin canını aldı, dediler.

Deli Dumrul:

-Bre Azrail dediğiniz ne kişidir ki adamın canını alır? Ya Kaadir Allah, birliğin, varlığın hakkıyçin Azraili benim gözüme göster! Savaşayım, çekişeyim, uğraşayım, yahşı yiğidin canını kurtarayım. Bir daha yahşı yiğidin canını almasın, dedi. Bıraktı, döndü, Deli Dumrul evine geldi.

Ulu Tanrıya Deli Dumrul'un sözü hoş gelmedi.

-Bak, Deli kavat benim birliğim bilmez, birliğime şükür kılmaz. Benim ulu kapımda gezer, benlik eyler, dedi. Azraile buyruk eyledi:

Ya Azrail, var da o deli kavatın gözüne görün, benzini sarart ,dedi. Canını hırlat al, dedi.

Deli Dumrul, kırk yiğitle yiyip içip otururken ansızın Azrail çıkageldi. Azraili ne çavuş gördü, ne kapıcı.

Deli Dumrul'un görür gözü görmez oldu; tutar elleri tutmaz oldu; dünyaâlem Deli Dumrul'un gözüne karanlık kesildi.

....

Bre deli kavat, öğünürdün, derdin: Al kanatlı Azrail benim elime girse öldüreydim, yahşı yiğidin canını kurtaraydım, derdin. İşte, bre deli, geldim ki senin canını alayım, verir misin? Yoksa benimle savaşır mısın? dedi.

Deli Dumrul:

- Bre al kanatlı Azrail sen misin? dedi.

- Evet, benim, dedi.

- Bu yahşı yiğitlerin canını sen mi alırsın? dedi.

- Evet ben alırım, dedi.

Deli Dumrul:

- Bre kapıcılar, kapıyı kapayın, dedi. Bre Azrail, ben seni geniş yerde arardım, dar yerde iyi elime girdin, öyle mi? dedi. Ben seni öldüreyim, yahşı yiğidin canını kurtarayım, dedi. Kara kılıcını sıyırdı, eline aldı.

Azraili çalmağa hamle kıldı.

Azrail güvercin oldu, pencereden uçtu, gitti. Adam ejderhası Deli Dumrul elini eline vurdu, kıskıs güldü.

- Yiğitlerim, Azrailin gözünü öyle korkuttum ki geniş kapıyı bıraktı, dar bacadan kaçtı. Mademki benim elimden güvercin gibi kuş oldu, uçtu. Bre, ben onu kormuyum doğana aldırmayınca, dedi.

Kalktı, atına bindi, doğanını eline aldı, ardına düştü. Bir iki güvercin öldürdü. Döndü evine geliyorken Azrail atının gözüne göründü. At ürktü, Deli Dumrul'u kaldırdı, yere vurdu. Kara başı bunaldı, bunlu kaldı. Ak göğsünün üzerine Azrail basıp kondu. Demin mırlardı, şimdi hırlamağa başladı:

Bre Azrail aman!

Tanrının birliğine yoktur güman!

Ben seni böyle bilmezdim,

Uğurlayın can aldığını duymazdım;

Dökmesi büyük bizim dağlarımız olur,

O dağlarımızda bağlarımız olur,

O bağların kara salkımları, üzümleri olur,

O üzümü sıkarlar, al şarabı olur,

O şaraptan içen esrük olur,

Şaraplıydım, duymadım,

Ne söyledim, bilmedim,

Beyliğe usanmadım,

Canımı alma Azrail, medet!

Azrail:

- Bre deli kavat, bana ne yalvarırsın? Ulu Tanrıya yalvar. Benim elimde ne var? Ben de bir emir kuluyum, dedi.

Deli Dumrul:

- Ya, demek, can veren, can alan Ulu Tanrı mıdır? dedi.

Azrail:

- Evet, odur, dedi.

Döndü Azraile:

- Ya, öyle ise sen ne işe yarar belâsın? Sen aradan çık, ben Ulu Tanrı ile haberleşeyim, dedi.

Deli Dumrul burada soylamış, görelim hânım, ne soylamış?:

Soylama :

Yücelerden yücesin,

Kimse bilmez nicesin?

Görklü Tanrı?

Nice bilmezler, seni gökte arar, yerde arar,

Sen ise inananların gönlündesin,

Dayim duran, güçlü Tanrı!

Baki kalan, bağışlayıcı tanrı!

Benim canımı alacak olursan sen al,

Azraili almaya bırakma! dedi.

Ulu Tanrıya Deli Dumrul'un burada sözü hoş geldi.

Azraile seslendi:

- Mademki deli kavat, benim birliğimi bildi; birliğime şükür kıldı. Ya Azrail, Deli Dumrul, canı yerine can bulsun, onun canı azat olsun, dedi.

Azrail:

- Bre Deli Dumrul, Ulu Tanrının buyruğu böyle oldu, Deli Dumrul canı yerine can bulsun, onun canı azat olsun dedi, dedi.

Deli Dumrul:

- Ben nice can bulayım? Meğer bir koca babam, bir karı anam var. Gel gidelim, ikisinden biri bolayki canını vere, al, benim canımı bırak,dedi.

Deli Dumrul önce babasının, sonra annesinin yanına gider. İkisi de canını vermez. Bunun üzerine Azrail şöyle söyler:

- Bre deli kavat, daha ne aman dilersin? Aksakallı babanın yanına vardın, can vermedi; ak pürçekli ananın yanına vardın, can vermedi. Daha kim can verse gerek? dedi.

Deli Dumrul:

-Hasretim vardır, buluşayım, dedi.

Azrail:

- Bre deli, hasretin kimdir? dedi.

- El kızı helalim var, ondan benim iki oğlancığım var, emanetim var, ısmarlarım onlara. Ondan sonra benim canımı alasın, dedi. Sürdü helali yanına geldi:

Bilir misin, neler oldu?

Gökyüzünde al kanatlı Azrail uçup geldi,

Akça benim göğsüme basıp kondu,

Tatlı benim canımı alır oldu.

Babama ver, dedim, can vermedi.

Anama vardım, can vermedi,

Dünya şirin, can tatlı, dediler,

İmdi:

Yüksek yüksek kara dağlarım,

Sana yaylak olsun!
Sovuk sovuk sularım,
Sana içit olsun!
Tavla tavla şahbaz atlarım,
Sana binit olsun!
Dünlüğü altın ban evim,
Sana gölge olsun!
Katar katar develerim,
Sana yüklet olsun!
Ağıllarda akça koyunum,
Sana şölen olsun!
Gözün kimi tutarsa,
Gönlün kimi severse,
Sen ona var,
iki oğlancığı öksüz koma! dedi.
Kadın burada soylamış, görelim hânım, ne soylamış?:
Soylama :
Ne dersin, ne soylarsın?
Göz açıp gördüğüm,
Gönül verip sevdiğim,
Koç yiğidim, şah yiğidim!
Karşı yatan karadağları,
Senden sonra ben neylerim?
Yaylar olsam, benim mezarım olsun!
Sovuk sovuk sularını,
İçer olsam, benim kanım olsun!
Altınını, akçanı harcar olsam,
Benim kefenim olsun!
Tavla tavla şahbaz atlarını,
Biner olsam, benim tabutum olsun!
Senden sonra bir yiğidi,
Sevip varsam, birlikte yatsam,
Ala yılan olup beni soksun!
Senin o muhanat anan, baban,

Bir canda ne var ki sana kıyamamışlar?

Arş tanık olsun! kürsi tanık olsun!

Yer tanık olsun! Gök tanık olsun!

Ulu Tanrı tanık olsun!

Benim canım senin canına kurban olsun! dedi. Razı oldu.

Azrail, hatunun canını almağa geldi.

Adam ejderhası yoldaşına kıyamadı.

Ulu Tanrıya burada yalvarmış, görelim hânım, nece yalvarmış?:

Yücelerden yücesin,

Kimse bilmez, nicesin?

Görklü Tanrı!

Çok bilmezler, seni,

Gökte arar, yerde arar,

Sen ise inananların gönlündesin!

Dâyim duran, güçlü Tanrı!

Bâki kalan, bağışlayıcı Tanrı!

Ulu yollar üzerine,

İmaretler yapayım senin için!

Aç görsem doyurayım, senin için!

Alırsan ikimizin canını birlikte al,

Korsan ikimizin canını birlikte ko!

Keremi çok Kaadir Tanrı! dedi.

Ulu Tanrıya Deli Dumrul'un sözü hoş geldi, Azraile buyurdu, "Deli Dumrul'un atasının, anasının canını al, o iki helale yüz kırk yıl ömür verdim", dedi.

Azrail de babasının, anasının hemen canını aldı. Deli Dumrul yüz kırk yıl daha yoldaşıyla yaş yaşadı.

Dedem Korkut geldi, boy boyladı, soy soyladı. Bu boy, Deli Dumrul'un olsun, benden sonra alp ozanlar söylesin, alnı açık cömert erenler dinlesin, dedi.

Yom vereyim, hânım: Yerli karadağların yıkılmasın! Gölgelice kaba ağacın kesilmesin! Kan gibi akan görklü suyun kurumasın! Ulu Tanrı seni namerde muhtaç etmesin! Ak alnında beş kelime dua kıldık, kabul olsun! Derlesin, toplasın, günahınızı adı görklü Muhammede, bağışlasın!

RUH SAĞLIĞI İÇİN DOKUZ YOL

Vücudunuz bir atletinki kadar formunda olabilir. Fakat acaba sinirlenizin, ruh sağlığınızın durumu nasıldır? Eğer aşağıdaki 9 yola göre yaşarsanız, hem mutlu bir insan olursunuz, hem de çevrenizdeki insanları mutlu yapabilirsiniz ve sinir doktorunun kapısını çalmaya da gerek kalmaz.

•Gerek kendinize ve gerek başka insanlara karşı toleranslı ve anlayışlı davranmaya çalışınız.

•Kabiliyetlerinizi realist bir ölçüye tabii tutunuz ve onlardan en iyi şekilde faydalanabilmek için elinizden gelen her şeyi yapınız.

•Kendinize saygı gösteriniz. Yaptığınız başardığınız şeylerden, başkalarının hükümlerine aldırış etmeden, şahsî bir gurur duyunuz.

•Attığınız her yeni adımda bir hayal kırıklığına uğrayabileceğinizi önceden kabul ediniz.

•Sevebilme kabiliyetinizi ve başkalarının alaka ve haklarını gözönünde tutma yeteneğinizi geliştiriniz.

•Bulunduğunuz gurubun bir parçası olduğunuzu samimi olarak duyunuz ve grubunuzdakilere karşı kesin ve açık bir sorumluluk hissi taşıyınız.

•Karşınıza çıkan problemleri derhal çözmeye çalışınız ve yarına bırakmayınız.

•Planlama kabiliyeti gösteriniz, kendinize realist hedefler tespit ediniz.

•Yapmakta olduğunuz her işi elinizden gelen en iyi şekilde yapmaya çalışınız ve ondan daima büyük bir zevk ve tatmin duyunuz.

DOKSAN DOKUZ OLSUN

Düşünde, bir kese sarkıtırlar bacadan Hocanın önüne :

- Hocam bunu Tanrı gönderdi sana, içinde tam doksan dokuz altın var. Al güle güle harca.

Hoca almaz, nazlanır :

- Kabul etmem, yüz altın isterim!

- İyi ama, Tanrı böyle uygun gördü.

- Olmaz! İlle de yüz altın olacak. Doksan dokuzu veren yüzü de verir.

Bu sırada Hoca birden uyanır. Bakar ki, ortada bir şey yok! Hemen yumar gözünü :

- Peki der, kabul ediyorum, varsın doksan dokuz olsun!

Metin İncelemeleri

20 Duha Koca-Oğlu Deli Dumrul Boyu

1. Deli Dumrul, köprüden geçenlerden niçin para alıyor?
2. Deli Dumrul, Azrail ile niçin savaşmak istiyor?
3. Deli Dumrul, Azraili görünce ne yapıyor? Savaşın sonu nasıl bitiyor?
4. Deli Dumrul, Tanrı'ya niçin yalvarıyor?
5. Tanrı, Deli Dumrul'u hangi şartla bağışlıyor?
6. Deli Dumrul kimlerden can istiyor? Sonra ne oluyor?

Tartışma ve Yazma Konusu

1. Deli Dumrul hikâyesinden Türklerle nasıl bir aile düzeni olduğu anlaşılıyor? Ailenin toplum için önemi nedir?
2. Ruh sağlığı için neler gereklidir? Ruh sağlığının toplum için önemini belirtiniz?

Nemrut Dağı - Adıyaman

Abant - Bolu

Zelve - Nevşehir

Kekova - Antalya